LE SOPHISTE

Copyright © 2021 Platon (domaine public)

Édition : BoD – Books on Demand, 12/14 rond-point des Champs-Élysées, 75008 Paris.

Impression : BoD - Books on Demand, Norderstedt, Allemagne.

ISBN : 9782810627370

Dépôt légal : mai 2021

PLATON
LE SOPHISTE

Traduction : Émile Chambry.

PLATON
LE SOPHISTE

ou

SUR L'ÊTRE ; GENRE LOGIQUE.

Personnages : **Théodore, Socrate, L'étranger d'Élée, Théétète.**

Théodore – **Nous sommes fidèles à notre engagement d'hier, Socrate : nous voici à point nommé et nous amenons un étranger que voici**(¹). **Il est originaire d'Élée : il appartient au cercle des disciples de Parménide et de Zénon et c'est un véritable philosophe.**

Socrate – Ne serait-ce pas, Théodore, au lieu d'un étranger, quelque dieu que tu amènes à ton insu, selon le mot d'Homère, qui dit que les dieux, et particulièrement le dieu qui préside à l'hospitalité, accompagnent les hommes qui participent de la pudeur et de la justice, pour observer les gens qui violent ou pratiquent la loi(²) ?

---

¹ - À la fin du Théétète, Socrate a donné rendez-vous à Théodore pour le lendemain matin. Théodore y vient avec Théétète, et ils amènent avec eux un membre de l'école d'Élée, qui va réfuter lui-même la doctrine de Parménide.

² - Socrate applique à l'étranger ce qu'un des prétendants dit d'Ulysse déguisé en mendiant : « Antinoos, ce n'est pas beau : tu as frappé un pauvre errant. Imprudent ! Si c'était quelque dieu du ciel ! Semblables à des étrangers venus de loin, les dieux prennent des aspects divers et vont de ville en ville connaître parmi les hommes les superbes et les justes. » (Odyssée, XVII, 483-487) Platon a mêlé à ces vers le vers 271 du chant IX de l'Odyssée : « (Zeus) hospitalier qui accompagne les étrangers respectables. »

Le Sophiste

Qui sait si cet étranger qui te suit n'est point un de ces êtres supérieurs, venu pour surveiller et réfuter les pauvres raisonneurs que nous sommes, et si ce n'est pas un dieu de la réfutation ?

Théodore – Non, Socrate, ce n'est point là le caractère de L'étranger : il est plus raisonnable que ceux qui s'adonnent aux disputes. Pour moi, je ne vois pas du tout un dieu en cet homme, quoique je le tienne pour divin ; car c'est le nom que je donne à tous les philosophes.

Socrate – Et tu fais bien, ami. Mais il y a des chances que la race des philosophes ne soit pas, j'ose le dire, beaucoup plus facile à reconnaître que celle des dieux ; car ces hommes, je parle des philosophes véritables, non de ceux qui feignent de l'être, ces hommes que l'ignorance se représente sous les formes les plus diverses, parcourent les villes, contemplant d'en haut la vie d'ici-bas. Aux yeux des uns, ils sont dignes de mépris, aux yeux des autres, dignes de tous les honneurs. On les prend tantôt pour des politiques, tantôt pour des sophistes, parfois même ils font l'effet d'être complètement fous. Mais j'aimerais savoir de L'étranger, si ma question lui agrée, ce qu'en pensent les gens de son pays et comment il les nomment.

Théodore – De qui parles-tu donc ?

Socrate – Du sophiste, du politique, du philosophe.

Théodore – Que veux-tu savoir au juste et qu'est-ce qui t'embarrasse si fort à leur sujet et t'a fait songer à poser cette question ?

Socrate – Voici. Regardent-ils tout cela comme un seul genre, ou comme deux, ou, parce qu'il y a trois noms, assignent-ils une classe à chaque nom ?

Théodore – Il ne refusera pas, je pense, de t'expliquer cela. Sinon, que répondrons-nous, étranger ?

L'étranger – Cela même, Théodore. Je ne refuse pas du tout, et rien n'est plus facile que de répondre qu'ils voient là trois types. Mais quant à définir nettement chacun d'eux et en quoi il consiste, ce n'est pas une petite affaire ni une tâche facile.

Théodore – Cela tombe bien, Socrate : les sujets que tu viens de toucher sont justement voisins de ceux sur lesquels nous l'interrogions avant de venir ici, et les difficultés qu'il t'oppose, il nous les opposait à nous aussi, bien qu'il avoue avoir entendu discuter ces questions à fond et n'en avoir pas perdu le souvenir.

Socrate – Ne va donc pas, étranger, à la première faveur que nous te demandons, nous opposer un refus. Dis-moi seulement une chose : qu'est-ce que tu préfères d'habitude, exposer toi-même, tout seul, en un discours suivi, ce que tu veux démontrer à un autre, ou procéder par interrogations, comme le fit autrefois Parménide, qui développa d'admirables arguments en ma présence, alors que j'étais jeune et lui déjà fort avancé en âge ?

L'étranger – Si l'on a affaire à un interlocuteur complaisant et docile, la méthode la plus facile, c'est de parler avec un autre ; sinon, c'est de parler tout seul.

Socrate – Alors tu peux choisir dans la compagnie celui que tu voudras ; car tous te prêteront une oreille favorable ; mais, si tu veux m'en croire, tu choisiras un de ces jeunes gens, Théétète que voici, ou tel autre qu'il te plaira.

L'étranger – J'ai quelque honte, Socrate, pour la première fois que je me rencontre avec vous, de voir qu'au lieu d'une conversation coupée, où l'on oppose phrase à phrase, j'ai à faire un long discours suivi, soit seul, soit en m'adressant à un autre, comme si je donnais une séance publique. Car, en réalité, la question, posée comme tu l'as fait, n'est pas aussi simple qu'on pourrait l'espérer ; elle exige, au contraire, de très longs développements. Cependant ne point chercher à te complaire, à toi et à ces messieurs, surtout après ce que tu as dit, serait, je le sens, une malhonnêteté indigne de votre hospitalité. Au reste, j'accepte de grand coeur Théétète comme interlocuteur, d'autant plus que je me suis déjà entretenu avec lui et que toi-même tu m'y invites.

Théétète – Fais donc ce que dit Socrate, étranger, et, comme il te l'assure, tu feras plaisir à toute la compagnie.

L'étranger – Il me semble, Théétète, qu'il n'y a plus rien à dire là-contre. Dès lors c'est avec toi, je le vois, que je vais argumenter. Si la longueur de mon discours te fatigue et t'importune, ne t'en prends pas à moi, mais à ces messieurs, tes camarades.

Théétète – J'espère bien ne pas perdre courage de sitôt ; mais, si cela m'arrivait, nous nous associerons Socrate que voici(3), l'homonyme de Socrate. Il est du même âge que moi, c'est mon compagnon de gymnase et il travaille presque toujours et très volontiers avec moi.

L'étranger – Bien dit. Là-dessus tu te consulteras toi-même au cours de l'argumentation. À présent, il faut te joindre à moi pour mener cette enquête, et commencer, à mon avis, par le sophiste, en recherchant et expliquant clairement ce qu'il est. Pour le moment, toi et moi, nous ne sommes d'accord que sur son nom ; quant à la chose que nous désignons par ce nom, chacun de nous s'en fait peut-être à part lui une idée différente. Or, de quoi qu'il s'agisse, il faut toujours se mettre d'accord sur la chose même, en la définissant, plutôt que sur le nom seul, sans le définir. Quant à la tribu sur laquelle nous nous proposons de porter notre enquête, celle des sophistes, elle n'est certes pas la plus facile à définir. Mais dans toutes les grandes entreprises qu'on veut mener à bonne fin, c'est une opinion générale et ancienne, qu'il convient de s'entraîner *sur des objets* moins

---

3 - C'est le même Socrate qui figure déjà dans le Théétète (147 d), comme ayant discuté avec Théétète la question des irrationnelles. C'est lui qui remplacera Théétète dans le Politique.

importants et plus faciles avant de passer aux très grands. Voici donc, Théétète, ce que je propose que nous fassions tous les deux dans le cas présent : puisque nous jugeons que la race des sophistes est difficile à saisir, c'est de nous exercer d'abord à la poursuivre sur un autre objet plus facile, à moins que tu n'aies, toi, quelque autre route à indiquer.

Théétète – Non, je n'en ai pas.

L'étranger – Alors, veux-tu que nous nous appliquions à quelque question de peu d'importance et que nous essayions de la prendre pour modèle en traitant de notre grand sujet ?

Théétète – Oui.

L'étranger – Que pourrions-nous donc nous proposer de facile à connaître et de simple, mais dont la définition n'offre pas moins de difficultés que les plus grands sujets ? Par exemple, le pêcheur à la ligne, n'est-ce pas un objet à la portée de tous et qui ne réclame pas une bien grande attention ?

Théétète – Si.

L'étranger – J'espère néanmoins que nous trouverons en ce sujet une méthode et une définition appropriées à notre dessein.

Théétète – Ce serait à merveille.

L'étranger – Eh bien, allons, commençons ainsi notre enquête sur le pêcheur à la ligne. Dis-moi : devons-nous le regarder comme un artiste ou comme un homme sans art, mais doué de quelque autre propriété ?

Théétète – Ce n'est pas du tout un homme sans art.

L'étranger – Mais tous les arts se ramènent à peu près à deux espèces.

Théétète – Comment ?

L'étranger – L'agriculture et tous les soins qui se rapportent à tous les corps mortels ; puis tout ce qui concerne les objets composés et façonnés que nous appelons ustensiles ; enfin l'imitation, tout cela, n'est-il pas absolument juste de le désigner par un seul nom ?

Théétète – Comment cela et par quel nom ?

L'étranger – Quand on amène à l'existence une chose qui n'existait pas auparavant, nous disons de celui qui l'y amène qu'il produit, et de la chose amenée, qu'elle est produite.

Théétète – C'est juste.

L'étranger – Or tous les arts que nous venons d'énumérer, c'est en vue de la production qu'ils possèdent leur pouvoir.

Théétète – En effet.

L'étranger – Nous pouvons donc les appeler tous du nom collectif de productifs.

Théétète – Soit.

L'étranger – Après cela, vient toute la classe des sciences et de la connaissance, de l'art du gain, de la lutte et de la chasse, tous arts qui ne fabriquent pas, mais s'approprient par la parole et par l'action des choses déjà existantes et déjà faites, ou les disputent à ceux qui voudraient se les approprier. Aussi le nom qui conviendrait le mieux à toutes ces parties serait celui d'art d'acquisition.

Théétète – Oui, ce serait celui-là.

L'étranger – Puisque tous les arts se rapportent à l'acquisition et à la production, dans quelle classe placerons-nous la pêche à la ligne ?

Théétète – Dans celle de l'acquisition, évidemment.

L'étranger – Mais l'acquisition n'est-elle pas de deux sortes : l'une, qui est un échange de gré à gré et se fait par présents, locations et achats ? quant à l'autre, qui embrasse tout l'art de capturer par actes ou par paroles, c'est l'art de la capture.

Théétète – Cela ressort en effet de ce qui vient d'être dit.

L'étranger – À son tour, l'art de capturer, ne devons-nous pas le diviser en deux ?

Théétète – Comment ?

L'étranger – En classant dans le genre de la lutte tout ce qui se fait à découvert et dans celui de la chasse tout ce qui se fait à la dérobée.

Théétète – Oui.

L'étranger – Mais logiquement la chasse doit être divisée en deux.

Théétète – Explique-moi cela.

L'étranger – Une partie comprend le genre inanimé, l'autre le genre animé.

Théétète – Assurément, puisque les deux existent.

L'étranger – Naturellement, ils existent. Pour celui des êtres inanimés, qui n'a pas de nom, sauf quelques parties de l'art de plonger et d'autres métiers pareils, qui n'ont pas d'importance, il faut le laisser de côté ; l'autre, qui est la chasse aux êtres vivants, nous l'appellerons chasse aux êtres vivants.

Théétète – Soit.

L'étranger – Et dans cette chasse aux êtres vivants, n'est-il pas juste de distinguer deux espèces, celle des animaux qui vont à pied, qui se subdivise en plusieurs classes avec des noms particuliers et qui s'appelle la chasse aux animaux marcheurs, et celle qui embrasse tous les animaux nageurs(4), la chasse au gibier d'eau ?

Théétète – Certainement si.

L'étranger – Maintenant, dans le genre nageur, nous distinguons la tribu des volatiles et celle des aquatiques.

Théétète – Sans doute.

L'étranger – La chasse qui comprend tout le genre volatile s'appelle, n'est-ce pas, la chasse aux oiseaux.

Théétète – C'est en effet le nom qu'on lui donne.

L'étranger – Et celle qui comprend à peu près tout le genre aquatique s'appelle pêche.

---

4 - Le grec applique le mot nageur non seulement aux animaux aquatiques, mais encore aux volatiles, qui nagent dans l'air.

Théétète – Oui.

L'étranger – Et cette dernière, à son tour, ne pourrions-nous pas la diviser suivant ses deux parties les plus importantes ?

Théétète – Quelles parties ?

L'étranger – Celle où la chasse se fait uniquement au moyen de clôtures, et celle où l'on frappe la proie.

Théétète – Que veux-tu dire et comment distingues-tu l'une de l'autre ?

L'étranger – C'est qu'en ce qui concerne la première, tout ce qui retient et enclôt quelque chose pour l'empêcher de fuir, s'appelle naturellement clôture[5].

Théétète – C'est très juste.

L'étranger – Eh bien, les nasses, les filets, les lacets, les paniers de jonc et autres engins du même genre, doit-on les appeler d'un autre nom que clôtures ?

Théétète – **Non pas.**

---

[5] - Sur ce genre de chasse, où l'on enfermait le gibier dans un filet, voyez Xénophon, *De la chasse*, ch. V, 5-11.

L'étranger – Nous appellerons donc cette partie de la chasse, chasse à la clôture ou de quelque nom analogue.

Théétète – Oui.

L'étranger – Mais celle qui se fait à coups d'hameçons et de tridents diffère de la première, et il faut, pour la désigner d'un seul mot, l'appeler chasse frappeuse ; ou bien pourrait-on, Théétète, lui trouver un meilleur nom ?

Théétète – Ne nous mettons pas en peine du nom : celui-là suffit.

L'étranger – Quand elle se fait de nuit à la lumière du feu, la chasse frappeuse a été, je crois, justement nommée par les chasseurs eux-mêmes la chasse au feu.

Théétète – C'est vrai.

L'étranger – Quand elle se fait de jour, parce que les tridents mêmes sont munis d'hameçons à leur extrémité, on l'appelle en général la pêche à l'hameçon.

Théétète – C'est en effet le mot dont on se sert.

L'étranger – Quand la pêche qui frappe avec l'hameçon se fait de haut en bas, elle s'appelle, je crois, chasse au trident, parce que c'est surtout le trident qu'elle emploie alors.

Théétète – Certains du moins la nomment ainsi.

L'étranger – Il ne reste plus, je crois, qu'une seule espèce.

Théétète – Laquelle ?

L'étranger – Celle qui frappe en sens inverse de la précédente, avec l'hameçon pour arme, et ne pique pas le poisson à n'importe quelle partie du corps, comme on le fait avec le trident, mais toujours à la tête et à la bouche, et le tire de bas en haut, au rebours de tout à l'heure, au moyen de gaules et de roseaux. Cette pêche-là, Théétète, comment dirons-nous qu'il faut la nommer ?

Théétète – C'est précisément, je crois, celle que nous nous sommes proposé tout à l'heure de trouver. Voilà qui est fait à présent.

L'étranger – Ainsi donc, à présent, toi et moi, nous voilà d'accord sur le nom de la pêche à la ligne et de plus nous avons trouvé une définition suffisante de la chose elle-même. Nous avons vu en effet que la moitié de l'art en général est l'acquisition, que la moitié de l'acquisition est la capture, la moitié de la capture, la chasse ; la moitié de la chasse, la chasse aux animaux, la moitié de la chasse aux animaux, la chasse au gibier d'eau ; que dans la chasse au gibier d'eau, la section inférieure tout entière est la pêche ; la section inférieure de la pêche, la pêche frappeuse, celle de la pêche frappeuse, la pêche à l'hameçon. Or dans cette dernière espèce de pêche, celle qui frappe le poisson en le tirant de bas en haut, empruntant son nom à cette action même(6), s'appelle la pêche à la ligne, objet de notre présente recherche.

Théétète – Voilà certes une démonstration parfaitement claire.

L'étranger – Eh bien, prenons-la pour modèle et essayons de trouver de la même manière ce que peut être le sophiste.

Théétète – Oui, essayons.

L'étranger – Nous nous sommes d'abord demandé s'il faut considérer le pêcheur à la ligne comme un ignorant, ou s'il possédait quelque art.

Théétète – Oui.

---

6 – Platon tire le mot ἀσπαλιευτιαη, pêche à la ligne, de ἀνά, en montant et σπάυ, tirer. C'est, comme la plupart des étymologies du Cratyle, une étymologie fantaisiste. L'origine du mot nous est inconnue.

L'étranger — Passons maintenant au sophiste, Théétète : devons-nous le considérer comme un ignorant ou comme un sophiste(7) dans toute la force du terme ?

Théétète — Ignorant, pas du tout ; car j'entends ce que tu veux dire, c'est qu'il s'en faut du tout au tout qu'il soit ignorant, étant donné le nom qu'il porte.

L'étranger — Il nous faut donc admettre, à ce qu'il semble, qu'il possède un art déterminé.

Théétète — Alors, que peut bien être cet art ?

L'étranger — Au nom des dieux, avons-nous donc méconnu que notre homme est parent de l'autre ?

Théétète — Qui est parent et de qui ?

L'étranger — Le pêcheur à la ligne, du sophiste.

Théétète — Comment ?

L'étranger — À mes yeux, ce sont des chasseurs tous les deux.

Théétète — Qu'est-ce que chasse le dernier ? pour l'autre, nous l'avons dit.

L'étranger — Nous avons tout à l'heure divisé la chasse en général en deux parties et mis dans l'une

---

7 - Le mot sophiste est dérivé du mot σοφός, savant.

les animaux qui nagent, et dans l'autre ceux qui marchent.

Théétète – Oui

L'étranger – Pour la première, nous avons passé en revue toutes les espèces de nageurs qui vivent dans l'eau. Quant à celle des marcheurs, nous l'avons laissée indivise, en disant qu'elle comprenait plusieurs formes.

Théétète – C'est exact.

L'étranger – Jusqu'à ce point donc, le sophiste et le pêcheur à la ligne marchent de compagnie, en partant de l'art d'acquérir.

Théétète – Ils en ont l'air, en tout cas.

L'étranger – Mais ils se séparent à partir de la chasse aux animaux. L'un se dirige vers la mer, les rivières et les lacs, pour y chasser les animaux qui s'y trouvent.

Théétète – Sans doute.

L'étranger – L'autre se dirige vers la terre et des fleuves d'une autre sorte, et, pour ainsi parler, vers des prairies où foisonnent la richesse et la jeunesse, afin d'en capturer les nourrissons.

Théétète – Que veux-tu dire ?

L'étranger – La chasse aux marcheurs comprend deux grandes parties.

Théétète – Quelles sont ces deux parties ?

L'étranger – L'une est celle des animaux apprivoisés, l'autre, des animaux sauvages.

Théétète – – Alors il y a une chasse aux animaux apprivoisés ?

L'étranger – Oui, si du moins l'homme est un animal apprivoisé. Admets l'hypothèse qu'il te plaira, ou qu'il n'y a pas d'animal apprivoisé, ou qu'il en existe, mais d'autres que l'homme, et que l'homme est un animal sauvage, ou bien, tout en disant que l'homme est un animal apprivoisé, juge qu'il n'y a pas de chasse à l'homme. Quelle que soit celle qui t'agrée, déclare-le-nous.

Théétète – Eh bien, je suis d'avis que nous sommes des animaux apprivoisés et je dis qu'il y a une chasse à l'homme.

L'étranger – Disons donc aussi que la chasse aux animaux apprivoisés est double, elle aussi.

Théétète – Sur quoi fondes-tu cette assertion ?

L'étranger – Brigandage, capture d'esclaves, tyrannie et guerre en général, nous ferons de tout cela une seule espèce, qui sera la chasse violente.

Théétète – Bien.

L'étranger – Discours judiciaire, discours public, entretien privé, tout cela formera une espèce, que nous appellerons un art de persuasion.

Théétète – C'est juste.

L'étranger – Disons maintenant que la persuasion comprend deux genres.

Théétète – Lesquels ?

L'étranger – L'un s'exerce sur les particuliers, l'autre sur le public.

Théétète – Ces deux genres existent en effet.

L'étranger – Et dans la chasse aux particuliers, n'y a-t-il pas celle qui poursuit un salaire et celle qui fait des présents ?

Théétète – Je ne comprends pas.

L'étranger – À ce que je vois, tu n'as jamais fait attention à la chasse des amants.

Théétète – De quoi veux-tu parler ?

L'étranger – Des présents dont ils accompagnent leur poursuite.

Théétète – C'est parfaitement vrai.

L'étranger – Appelons donc cette espèce l'art d'aimer.

Théétète – D'accord.

L'étranger – Mais dans la chasse qui vise à un salaire, l'espèce qui fait usage de la conversation pour plaire, qui prend exclusivement le plaisir pour amorce, sans chercher d'autre gain que sa propre subsistance, je crois que nous serons tous d'accord pour l'appeler un art de flatterie ou art de faire plaisir.

Théétète – Sans aucun doute.

L'étranger – Mais quand on fait profession de converser pour enseigner la vertu, et qu'on se fait payer comptant, n'est-il pas juste de donner à ce genre-là un autre nom ?

Théétète – Sans aucun doute.

L'étranger – Alors, quel nom ? essaye de le dire.

Théétète – Il est assez clair ; car c'est le sophiste, à n'en pas douter, que nous venons de trouver là. En l'appelant ainsi, je crois lui donner le nom qui lui convient.

L'étranger – D'après ce que nous venons de dire, Théétète, il apparaît que cette partie de l'art d'appropriation, de la chasse, de la chasse aux animaux vivants, au gibier de terre, aux animaux apprivoisés, à l'homme, au simple particulier, de la chasse en vue d'un salaire, de la chasse qui est un trafic d'argent, de celle qui prétend instruire, que cette partie, quand elle devient une chasse aux jeunes gens riches et d'illustre famille, doit être appelée sophistique : c'est la conclusion de la discussion que nous venons de soutenir.

Théétète – Parfaitement.

L'étranger – Considérons encore la question de ce point de vue ; car ce que nous cherchons ne relève pas d'un art simple, mais d'un art très complexe. Ce que nous venons de dire donne en effet lieu de penser que le sophiste n'est pas ce que nous disons, mais qu'il appartient à un autre genre.

Théétète – Comment cela ?

L'étranger – Nous avons vu que l'art d'acquérir comprend deux espèces : l'une est la chasse, l'autre l'échange.

Théétète – Nous l'avons vu en effet.

L'étranger – Dirons-nous maintenant qu'il y a deux formes d'échange, l'une qui se fait par donation, l'autre par marché ?

Théétète – Disons-le.

L'étranger – Nous ajouterons que l'échange par marché se partage en deux parties.

Théétète – Comment ?

L'étranger – L'une est la vente directe de ce qu'on a produit soi-même, et l'autre, qui échange les produits d'autrui, est un art d'échange.

Théétète – Parfaitement.

L'étranger – Mais l'échange qui a lieu dans la ville et fait à peu près la moitié de l'échange en général s'appelle commerce de détail.

Théétète – Oui.

L'étranger – Et l'autre, où l'on va de ville en ville, achetant et vendant, n'est-ce pas le négoce ?

Théétète – Sans doute.

L'étranger – Mais dans le négoce, n'avons-nous pas observé qu'il y a une partie où l'on vend et échange contre de l'argent ce qui sert à la nourriture et aux besoins du corps, et une autre ce qui sert à l'âme ?

Théétète – Qu'entends-tu par là ?

L'étranger – Peut-être que ce qui concerne l'âme nous échappe ; car nous connaissons ce qui regarde l'autre.

Théétète – Oui.

L'étranger – Disons donc que la musique en général, chaque fois qu'elle est colportée de ville en ville, achetée ici, transportée là et vendue, que la peinture, l'art des prestiges et maintes autres choses qui se rapportent à l'âme, qu'on transporte et qu'on vend, comme objets, soit de plaisir, soit d'étude sérieuse, donnent à celui qui les transporte et les vend, non moins que la vente des aliments et des boissons, le droit au titre de négociant.

Théétète – Rien n'est plus vrai.

L'étranger – Ne donneras-tu pas le même nom à celui qui achète en gros des connaissances et va de ville en ville les échanger contre de l'argent ?

Théétète – Si, certainement.

L'étranger – Est-ce qu'une partie de ce négoce spirituel ne pourrait pas très justement s'appeler un art d'étalage, et l'autre, qui est tout aussi ridicule que la première, mais qui vend cependant des connaissances, ne doit-elle pas être appelée de quelque nom apparenté à son oeuvre ?

Théétète – Certainement si.

L'étranger – Maintenant la partie de ce commerce des sciences qui se rapporte aux connaissances des autres arts doit avoir un nom, et celle qui se rapporte à la vertu un autre.

Théétète – Sans contredit.

L'étranger – Trafic d'arts, voilà le nom qui convient à la première partie. Quant à la seconde, essaie toi-même de la nommer.

Théétète – Et quel autre nom peut-on lui donner, pour ne pas se tromper, que l'objet même que nous cherchons, le genre sophistique ?

L'étranger – Aucun autre. Résumons-nous donc en disant que la sophistique est apparue une seconde fois comme la partie de l'acquisition, de l'échange, du trafic, du négoce, du négoce spirituel relatif aux discours et à la connaissance de la vertu.

Théétète – Parfaitement.

L'étranger – Troisième aspect : si un homme établi sur place dans une ville se proposait de vivre de la vente, soit de connaissances qu'il achèterait, soit d'autres relatives aux mêmes objets qu'il fabriquerait lui-même, j'imagine que tu ne lui donnerais pas d'autre nom que celui que tu as employé tout à l'heure ?

Théétète – Sans contredit.

L'étranger – Ainsi cette partie de l'art d'acquérir qui procède par échange, où l'on trafique, soit en revendant au détail, soit en vendant ses propres produits, de toutes façons, pourvu que ce genre de commerce se rapporte aux enseignements que nous avons dits, c'est bien toujours, à ce qu'il paraît, ce que tu appelles la sophistique.

Théétète – Nécessairement, car c'est la conséquence forcée de ce qui a été dit.

L'étranger – Examinons encore si le genre que nous poursuivons à présent ne ressemble pas à quelque chose comme ceci.

Théétète – Que veux-tu dire ?

L'étranger – Nous avons dit qu'une partie de l'art d'acquérir est la lutte.

Théétète – Nous l'avons dit en effet.

L'étranger – Il n'est donc pas hors de propos de diviser la lutte en deux parties.

Théétète – Lesquelles ? Dis-le.

L'étranger – Je dis que l'une est la rivalité, et l'autre, le combat.

Théétète – C'est juste.

L'étranger – Pour la partie du combat qui se fait corps à corps, il est, j'imagine, naturel et convenable de la nommer et de la définir lutte violente ?

Théétète – Oui.

L'étranger – Mais à celle qui se fait discours contre discours, quel autre nom peut-on lui donner, Théétète, que celui de controverse ?

Théétète – Aucun.

L'étranger – Mais le genre de la controverse doit être divisé en deux.

Théétète – Comment ?

L'étranger – En tant qu'elle se fait par de longs discours opposés à de longs discours et qu'elle traite en public du juste et de l'injuste, c'est la controverse judiciaire.

Théétète – Oui.

L'étranger – Mais lorsqu'elle a lieu entre particuliers et qu'elle est coupée en menus morceaux par questions et réponses, n'avons-nous pas coutume de lui réserver le nom de dispute ?

Théétète – Elle n'en a pas d'autre.

L'étranger – Mais dans la dispute, toute la partie où la controverse porte sur les contrats, mais se poursuit à l'aventure et sans art, doit être considérée comme une espèce, puisque notre argumentation l'a distinguée comme différente ; mais elle n'a pas reçu de nom des anciens et ne mérite pas que nous lui en trouvions un aujourd'hui.

Théétète – C'est vrai ; car elle se partage en toutes sortes de parties par trop menues.

L'étranger – Mais celle qui se fait avec art et qui conteste du juste en soi, de l'injuste et des autres idées générales, ne l'appelons-nous pas d'ordinaire éristique ?

Théétète – Sans doute.

L'étranger – Or il y a l'éristique qui ruine et l'éristique qui enrichit.

Théétète – Parfaitement.

L'étranger – Essayons maintenant de trouver la dénomination qui convient à chacune de ces deux espèces.

Théétète – Oui, essayons.

L'étranger – Pour moi, quand, pour le plaisir de s'occuper de ces objets, on néglige ses propres affaires et qu'on parle de manière que la plupart des auditeurs écoutent sans plaisir[8], j'estime qu'il

---

8 - Platon fait dériver le mot ἀδολέσχης, bavard, de ἀηδια, manque de plaisir, et λέξις ou λέχη, partage. Par ce mot « bavard », il entend le dialecticien.

n'y a pas pour cela d'autre nom que celui de bavardage.

Théétète – C'est bien, en somme, le nom qu'on lui donne.

L'étranger – Et maintenant la partie opposée à celle-là, qui fait argent des disputes privées, essaye à ton tour d'en dire le nom.

Théétète – Que peut-on dire encore cette fois, si l'on veut éviter l'erreur, sinon que voici revenir encore pour la quatrième fois cet étonnant personnage que nous poursuivons, le sophiste ?

L'étranger – Oui, le sophiste relève, à ce que nous voyons, du genre qui fait de l'argent et qui est issu de l'art éristique, de l'art de la dispute, de l'art de la controverse, de l'art du combat, de l'art de la lutte, de l'art d'acquérir. C'est ce que notre argumentation vient encore une fois de révéler.

Théétète – Cela est certain.

L'étranger – Vois-tu maintenant combien il est vrai de dire que cet animal est divers et justifie le dicton : il ne se prend pas avec une seule main.

Théétète – Il faut donc y mettre les deux.

L'étranger – Oui, il le faut, et il faut appliquer toutes nos forces à le poursuivre sur la piste que voici. Dis-moi : nous avons bien certains mots pour désigner les besognes domestiques ?

Théétète – Nous en avons même beaucoup ; mais quels sont dans ce nombre ceux dont tu veux parler ?

L'étranger – Des mots comme ceux-ci : filtrer, cribler, vanner, trier.

Théétète – Et puis ?

L'étranger – Outre ceux-là : carder, dévider, tanner et mille autres termes analogues que nous savons être en usage dans les arts, n'est-ce pas ?

Théétète – Que veux-tu démontrer avec ces mots ? Pourquoi les proposes-tu comme exemples et me questionnes-tu sur tout cela ?

L'étranger – Tous les mots cités expriment, je pense, une idée de séparation.

Théétète – Oui.

L'étranger – Dès lors, puisque, suivant mon raisonnement, il n'y a qu'un art dans toutes ces opérations, il est juste que nous lui donnions un nom unique.

Théétète – Quel nom lui donnerons-nous ?

L'étranger – L'art de trier.

Théétète – Soit.

L'étranger – Voyons maintenant s'il n'y aurait pas moyen d'y apercevoir deux espèces.

Théétète – Tu me demandes là un examen un peu rapide pour moi.

L'étranger – Pourtant dans les triages mentionnés, les uns consistaient à séparer le pire du meilleur, les autres, le semblable du semblable.

Théétète – Exprimé ainsi, c'est assez clair.

L'étranger – Pour la dernière sorte, je ne connais pas de nom en usage ; mais pour l'autre qui retient le meilleur et rejette le pire, j'ai un nom.

Théétète – Dis-le.

L'étranger – Toute séparation de ce genre est, je pense, universellement appelée purification.

Théétète – C'est bien ainsi qu'on l'appelle.

L'étranger – Est-ce que tout le monde ne voit pas que la forme de la purification, elle aussi, est double ?

Théétète – Oui, à la réflexion peut-être. Moi, je ne distingue rien pour le moment.

L'étranger – Il n'en faut pas moins embrasser d'un seul nom les nombreuses espèces de purification qui se rapportent au corps.

Théétète – Quelles espèces et de quel nom ?

L'étranger – Ce sont les purifications des animaux, soit celles qu'opèrent à l'intérieur du corps, grâce à une exacte discrimination, la gymnastique et la médecine, soit les purifications au nom trivial qui relèvent de l'art du baigneur, et, d'autre part, celles des corps inanimés qui relèvent de l'art du foulon et de l'art de la parure en général et qui se distribuent en mille petites variétés dont les noms semblent ridicules.

Théétète – C'est vrai.

L'étranger – Tout à fait vrai, Théétète. Mais notre méthode d'argumentation ne fait ni moins ni plus de cas de l'art de purifier avec l'éponge que de celui de purifier par des breuvages, et ne s'inquiète pas si l'un nous sert peu et l'autre beaucoup par ses purifications. Car c'est en vue d'acquérir de l'intelligence qu'elle essaye d'observer la parenté ou la dissemblance de tous les arts et, à ce point de vue, elle les honore tous également ; elle ne trouve pas en les comparant que les uns soient plus ridicules que les autres. Elle ne croit pas qu'en illustrant l'art de la chasse par l'art du stratège, on ait droit à plus de considération qu'en l'assimilant à l'art de tuer les poux, mais qu'on est généralement plus prétentieux. De même à présent, à propos du nom que tu demandes pour désigner l'ensemble des puissances destinées à purifier les corps, animés ou inanimés, notre méthode ne se souciera pas le moins du monde de savoir quel nom aura l'air le plus distingué. Elle se bornera à mettre à part les purifications de l'âme et à lier ensemble tout ce qui purifie autre chose ; car ce qu'elle entreprend en ce moment, c'est de séparer la purification qui s'adresse à l'âme de toutes les autres, si nous comprenons bien son intention.

Théétète – À présent, j'ai compris et j'accorde qu'il y a deux formes de purification, dont l'une se rapporte à l'âme et se distingue de celle qui se rapporte au corps.

L'étranger – Voilà qui est le mieux du monde. Et maintenant écoute-moi encore et tâche de partager en deux cette dernière division.

Théétète – Je te suivrai partout et je tâcherai de diviser comme toi.

L'étranger – Nous disons bien que la méchanceté est, dans l'âme, quelque chose de différent de la vertu ?

Théétète – Naturellement.

L'étranger – Et nous avons vu que purifier, c'est rejeter tout ce qu'il peut y avoir de mauvais et garder le reste ?

Théétète – Nous l'avons vu en effet.

L'étranger – Donc dans l'âme aussi, quelque moyen que nous trouvions d'en ôter le vice, nous serons dans la note juste en l'appelant purification.

Théétète – Oui, assurément.

L'étranger – Il faut reconnaître qu'il y a deux espèces de vice dans l'âme.

Théétète – Lesquelles

L'étranger – L'une s'y forme comme la maladie dans le corps et l'autre comme la laideur.

Théétète – Je ne comprends pas.

L'étranger – Peut-être ne t'es-tu pas avisé que la maladie et la discorde étaient la même chose.

Théétète – À cela encore je ne vois pas ce qu'il faut répondre.

L'étranger – Crois-tu donc que la discorde soit autre chose que la corruption de ce qui est actuellement parent, à la suite d'une rupture d'accord ?

Théétète – Ce n'est pas autre chose.

L'étranger – Et que la laideur soit autre chose qu'un défaut de proportion, toujours désagréable à voir ?

Théétète – Ce n'est certainement pas autre chose.

L'étranger – Mais quoi ? n'avons-nous pas remarqué que, dans les âmes des hommes sans valeur, les opinions sont en opposition avec les désirs, le courage avec les plaisirs, la raison avec les chagrins et toutes les choses de cette sorte les unes avec les autres ?

Théétète – Si, vraiment.

L'étranger – On ne peut pourtant nier qu'il y ait parenté entre tout cela.

Théétète – Sans contredit.

L'étranger – **Si donc nous disons que la méchanceté est une discorde et une maladie de l'âme, nous nous exprimerons exactement.**

Théétète – Très exactement.

L'étranger – Mais quoi ! si toutes les choses qui participent du mouvement, qui se fixent un but et font effort pour l'atteindre, passent à chaque élan à côté de ce but et le manquent, dirons-nous que cela vient de la symétrie qui est entre elles et lui, ou de l'asymétrie ?

Théétète – Il est évident que c'est de l'asymétrie.

L'étranger – Mais nous savons que, toutes les fois que l'âme ignore quelque chose, c'est contre sa volonté.

Théétète – Certainement.

L'étranger – Or l'ignorance n'est autre chose que l'aberration de l'âme quand elle s'élance vers la vérité et que l'intelligence passe à côté du but.

Théétète – Absolument.

L'étranger – Il faut donc croire que l'âme déraisonnable est laide et manque de mesure.

Théétète – Il semble bien.

L'étranger – Il y a donc en elle, à ce qu'il paraît, deux espèces de maux : l'un que le vulgaire appelle méchanceté et qui est manifestement une maladie de l'âme.

Théétète – Oui.

L'étranger – Et l'autre qu'on appelle ignorance, mais qu'on ne veut pas reconnaître pour un vice, quand il s'élève seul dans l'âme.

Théétète – Décidément, il faut admettre ce dont je doutais tout à l'heure, quand tu l'as dit, qu'il y a deux genres de vice dans l'âme et que la lâcheté, l'intempérance, l'injustice doivent toutes être regardées comme une maladie en nous, et que cette affection si répandue et si diverse qu'est l'ignorance doit être considérée comme une difformité.

L'étranger – Dans le cas du corps, n'a-t-on pas trouvé deux arts correspondant à ces deux affections ?

Théétète – Quels sont ces arts ?

L'étranger – Pour la laideur, la gymnastique, et pour la maladie, la médecine.

Théétète – Apparemment.

L'étranger – Et pour la violence, l'injustice et la lâcheté, la correction n'est-elle pas, de tous les arts, celui qui convient le mieux à la justice ?

Théétète – C'est du moins vraisemblable, si l'on s'en rapporte à l'opinion du monde.

L'étranger – Et pour l'ignorance en général, peut-on citer un art mieux approprié que l'enseignement ?

Théétète – Aucun.

L'étranger – Voyons alors : devons-nous dire que l'enseignement forme un genre unique ou plusieurs, et qu'il y en a deux genres très importants. Examine la question.

Théétète – Je l'examine.

L'étranger – Voici, je crois, le moyen le plus rapide pour la résoudre.

Théétète – Lequel ?

L'étranger – C'est de voir si l'ignorance ne pourrait pas être coupée en son milieu. Car, si l'ignorance est double, il est clair que l'enseignement aussi doit avoir deux parties, une pour chaque partie de l'ignorance.

Théétète – Eh bien, vois-tu poindre la solution que nous cherchons ?

L'étranger – Je crois du moins voir une grande et fâcheuse espèce d'ignorance, distincte des autres, et égale à elle seule à toutes les autres.

Théétète – Laquelle ?

L'étranger – C'est de croire qu'on sait quelque chose, alors qu'on ne le sait pas. C'est de là, je le crains, que viennent toutes les erreurs où notre pensée à tous est sujette.

Théétète – C'est vrai.

L'étranger – Et c'est aussi, je crois, la seule espèce d'ignorance qu'on ait appelée sottise.

Théétète – En effet.

L'étranger – Et quel nom faut-il donc donner à la partie de l'enseignement qui nous en délivre ?

Théétète – Je pense, étranger, que l'autre partie se rapporte à l'enseignement des métiers ; mais celle-là, ici du moins, nous l'appelons éducation.

L'étranger – Et il en est de même à peu près, Théétète, chez tous les Grecs. Mais il nous faut examiner encore si l'éducation est un tout indivisible, et si elle comporte une division qui mérite un nom.

Théétète – Examinons donc.

L'étranger – Eh bien, elle aussi, je crois, se partage en deux.

Théétète – Par où ?

L'étranger – Dans l'enseignement par le discours, il y a, ce semble, une route plus rude, et une section plus lisse.

Théétète – Comment qualifier chacune d'elles ?

L'étranger – Il y a d'un côté la vénérable antique manière que nos pères pratiquaient généralement à l'égard de leurs fils et que beaucoup pratiquent encore aujourd'hui, quand ils les voient commettre quelque faute : aux réprimandes sévères, elle mêle les exhortations plus douces, et le tout ensemble pourrait très justement s'appeler l'admonestation.

Théétète – C'est juste.

L'étranger – D'un autre côté, certains sont venus, après mûre réflexion, à penser que l'ignorance est toujours involontaire et que celui qui se croit sage ne consentira jamais à apprendre aucune des choses où il s'imagine être habile, et que, par suite, tout en prenant beaucoup de peine, le genre d'éducation qu'est l'admonestation aboutit à de médiocres résultats.

Théétète – Ils ont raison de le penser.

L'étranger – En conséquence, ils s'y prennent d'une autre façon pour les défaire de cette présomption.

Théétète – De quelle façon ?

L'étranger – Ils questionnent leur homme sur les choses où il croit parler sensément, alors qu'il ne dit rien qui vaille, puis, tandis qu'il s'égare, il leur est facile de reconnaître ses opinions ; ils les ramassent ensemble dans leur critique, les confrontent les unes avec les autres et font voir ainsi qu'elles se contredisent sur les mêmes objets, sous les mêmes rapports et des mêmes points de vue. Ceux qui se voient ainsi confondus sont mécontents d'eux-mêmes et deviennent doux envers les autres, et cette épreuve les délivre des opinions orgueilleuses et cassantes qu'ils avaient d'eux-mêmes, ce qui est de toutes les délivrances la plus agréable à apprendre et la plus sûre pour celui qu'elle concerne. C'est que, mon cher enfant, ceux qui les purifient pensent comme les médecins du corps. Ceux-ci sont convaincus que le corps ne saurait profiter de la nourriture qu'on lui donne, avant qu'on n'en ait expulsé ce qui l'embarrasse. Ceux-là ont jugé de même que l'âme ne saurait tirer aucune utilité des connaissances qu'on lui donne, jusqu'à ce qu'on la soumette à la critique, qu'en la réfutant on lui fasse honte d'elle-même, qu'on lui ôte les opinions qui font obstacle à l'enseignement, qu'on la purifie ainsi et qu'on l'amène à reconnaître qu'elle ne sait que ce qu'elle sait et rien de plus.

Théétète – C'est, à coup sûr, la disposition la meilleure et la plus sage.

L'étranger – De tout cela, Théétète, il nous faut conclure que la réfutation est la plus grande et la plus efficace des purifications, et nous devons être persuadés que celui qui se soustrait à cette épreuve, fût-ce le grand Roi lui-même, n'ayant pas été purifié des plus grandes souillures, est ignorant et laid par rapport aux choses où il devrait être le plus pur et le plus beau, s'il veut être véritablement heureux.

Théétète – C'est parfaitement exact.

L'étranger – Mais ceux qui pratiquent cet art, comment les appellerons-nous ? Car pour moi, je n'ose pas les appeler sophistes.

Théétète – Pourquoi donc ?

L'étranger – Je crains que nous ne leur fassions trop d'honneur.

Théétète – Pourtant le portrait que nous venons d'en faire leur ressemble bien.

L'étranger – Comme le loup ressemble au chien, et ce qu'il y a de plus sauvage à ce qu'il y a de plus apprivoisé. Si l'on ne veut pas se tromper, il faut avant tout se tenir toujours en garde contre les ressemblances ; car c'est un genre très glissant. Admettons pourtant que ce soient les sophistes ce ne sera pas sur de petites différences que se produira la dispute, quand ils seront bien sur leurs gardes.

Théétète – Probablement non.

L'étranger – Distinguons donc dans l'art de trier l'art de purifier, dans l'art de purifier, séparons la partie qui se rapporte à l'âme, de celle-ci l'art de l'enseignement, et de celui-ci l'art de l'éducation. Enfin dans l'art de l'éducation, reconnaissons que, comme nous venons de le voir en passant dans notre discussion, la réfutation des vaines prétentions à la sagesse n'est pas à nos yeux autre chose que l'art véritablement noble de la sophistique.

Théétète – Reconnaissons-le, soit ; mais à présent que nous avons vu le sophiste sous tant de formes, je suis, moi, embarrassé pour donner avec vérité et en toute assurance la vraie définition du sophiste.

L'étranger – Ton embarras est tout naturel ; mais il faut croire que le sophiste aussi est à cette heure fort embarrassé pour savoir comment il pourra encore échapper à notre argumentation ; car le proverbe est juste, qu'il n'est pas facile de tromper toutes les poursuites. Attaquons-le donc à cette heure avec un redoublement de vigueur.

Théétète – C'est bien dit.

L'étranger – Arrêtons-nous donc d'abord pour reprendre haleine, et, tout en nous reposant, faisons notre compte à part nous. Voyons : sous combien d'aspects le sophiste nous est-il apparu ? Si je ne me trompe, nous avons trouvé d'abord que c'est un chasseur intéressé de jeunes gens riches.

Théétète – Oui.

L'étranger – En second lieu, un négociant en connaissances à l'usage de l'âme.

Théétète – C'est vrai.

L'étranger – En troisième lieu, il nous est apparu, n'est-ce-pas ? comme détaillant des mêmes objets de connaissance.

Théétète – Oui, et en quatrième lieu, comme fabricant des sciences qu'il vendait.

L'étranger – Tes souvenirs sont exacts. Pour sa cinquième forme, je vais moi-même tâcher de la rappeler. C'était un athlète dans les combats de parole, qui s'était réservé l'art de la dispute.

Théétète – C'est bien cela.

L'étranger – La sixième forme prêtait à discussion. Néanmoins nous lui avons accordé qu'il était un purificateur des opinions qui font obstacle à la science dans l'âme.

Théétète – Parfaitement.

L'étranger – Maintenant n'as-tu pas remarqué que, lorsqu'un homme paraît posséder plusieurs sciences, et que cependant il est désigné par le nom d'un seul art, l'idée qu'on se fait de lui n'est pas saine, et n'est-il pas clair que celui qui se fait une telle idée à propos d'un art est incapable d'y reconnaître le centre où convergent toutes ces connaissances, et que c'est la raison pour laquelle on donne à celui qui les possède plusieurs noms au lieu d'un seul ?

Théétète – Il y a bien des chances pour qu'il en soit ainsi.

L'étranger – Prenons donc garde que cela ne nous arrive à nous-mêmes, faute de diligence dans notre recherche. Revenons d'abord sur nos définitions du sophiste. Il en est une surtout qui m'a semblé le désigner nettement.

Théétète – Laquelle ?

L'étranger – Nous avons dit, je crois, que c'était un disputeur.

Théétète – Oui.

L'étranger – Mais n'avons-nous pas dit aussi qu'il enseignait ce même art aux autres ?

Théétète – Sans doute.

L'étranger – Examinons donc sur quoi ces sophistes prétendent les former à l'art de disputer. Commençons notre examen de cette façon : dis-moi, est-ce sur les choses divines, qui demeurent cachées à la multitude, qu'ils communiquent cette capacité à leurs disciples ?

Théétète – Oui, c'est là-dessus, du moins on l'assure.

L'étranger – Est-ce aussi sur ce qu'offrent de visible la terre et le ciel et ce qu'ils contiennent ?

Théétète – Bien sûr.

L'étranger – Mais dans les entretiens privés, où il est question de la génération et de l'être en général, nous savons, n'est-ce pas ? qu'ils sont habiles à contredire eux-mêmes et à rendre les autres capables de faire comme eux.

Théétète – Parfaitement.

L'étranger – Et sur les lois aussi et les affaires publiques en général, ne s'engagent-ils pas à former de bons disputeurs ?

Théétète – On peut dire en effet que personne n'assisterait à leurs leçons s'ils ne prenaient pas cet engagement.

L'étranger – En outre, sur les arts en général et sur chaque art en particulier, tous les arguments qu'il faut opposer à chacun de ceux qui en font profession, ont été publiés et couchés par écrit à l'usage de qui veut les apprendre.

Théétète – C'est, ce me semble, aux ouvrages de Protagoras sur la lutte et les autres arts que tu fais allusion(9).

L'étranger – Et aux ouvrages de beaucoup d'autres, bienheureux homme. Mais enfin cet art de contredire, ne trouves-tu pas qu'en somme, c'est une faculté apte à disputer sur toutes choses ?

Théétète – Il semble en tout cas que presque rien ne lui échappe.

L'étranger – Mais toi, mon enfant, par les dieux, crois-tu cela possible ? Peut-être qu'en effet vous autres, jeunes gens, vous avez en ceci la vue plus perçante, et nous, plus émoussée.

Théétète – En quoi et que veux-tu dire au juste ? Je n'entends pas bien ta question.

L'étranger – Je demande s'il est possible qu'un homme connaisse tout.

Théétète – Nous serions, à n'en pas douter, étranger, une race de bienheureux.

L'étranger – Dès lors comment un homme qui est lui-même ignorant, contredisant un homme qui

---

9 - D'après Diogène Laërce, IX, 8, 55, Protagoras aurait écrit Un art de la dispute, Sur la lutte, Sur les sciences, Sur la constitution de l'État, Deux livres de contradictions.

sait, pourrait-il jamais dire quelque chose de sensé ?

Théétète – Il ne le pourrait pas du tout.

L'étranger – Alors qu'est-ce que peut bien être cette merveilleuse puissance de la sophistique ?

Théétète – Merveilleuse sous quel rapport ?

L'étranger – En ce qu'ils sont capables de faire croire à la jeunesse qu'ils sont, eux, les plus savants de tous sur toutes choses. Car il est clair que, s'ils ne discutaient pas et ne leur paraissaient pas discuter correctement, et si, en outre, leur talent de contredire ne rehaussait pas leur sagesse comme tu le disais, on aurait bien de la peine à se résoudre à les payer pour devenir leurs disciples en ces matières.

Théétète – À coup sûr on aurait de la peine.

L'étranger – Au contraire, on le fait de bon gré.

Théétète – De fort bon gré même.

L'étranger – C'est qu'ils paraissent, à ce que je crois, fort instruits des choses sur lesquelles ils disputent.

Théétète – Sans contredit.

Le Sophiste

L'étranger – Et ils disputent sur toutes choses, disons-nous ?

Théétète – Oui.

L'étranger – Ils passent donc pour omniscients aux yeux de leurs élèves ?

Théétète – Sans doute.

L'étranger – Quoiqu'ils ne le soient pas ; car nous avons dit que c'était impossible.

Théétète – Oui, bien impossible.

L'étranger – C'est donc, à ce que nous voyons, un semblant de science que le sophiste possède sur toutes choses, et non la science véritable ?

Théétète – C'est tout à fait cela, et ce que tu viens d'en dire en est peut-être la définition la plus exacte.

L'étranger – Prenons maintenant un exemple plus clair pour expliquer cela.

Théétète – Quel exemple ?

L'étranger – Celui-ci. Tâche de faire attention pour bien répondre.

Théétète – Sur quoi ?

L'étranger – Si un homme prétendait savoir, non pas dire, ni contredire, mais faire et exécuter par un art unique toutes choses...

Théétète – Qu'entends-tu par toutes choses ?

L'étranger – Dès le premier mot tu ne m'entends pas ; car tu m'as l'air de ne pas comprendre ce « toutes choses ».

Théétète – Effectivement je ne saisis pas.

L'étranger – Eh bien, par « toutes choses », je veux dire toi et moi, et, de plus, tous les animaux et tous les arbres.

Théétète – Qu'entends-tu par là ?

L'étranger – Si un homme s'engageait à faire et toi et moi et tout ce qui pousse...

Théétète – Qu'entends-tu par faire ? car ce n'est point d'un laboureur que tu veux parler, puisque tu as dit que cet homme faisait des animaux.

L'étranger – Oui, et en outre la mer, la terre, le ciel, les dieux et tout le reste, et j'ajoute qu'après avoir fait en un clin d'oeil chacune de ces choses, il les vend à un prix très modique([10]).

Théétète – Ce que tu dis là est pur badinage.

L'étranger – Eh quoi ! quand un homme dit qu'il sait tout et qu'il peut tout enseigner à un autre à bon marché et en peu de temps, ne faut-il pas regarder cela comme un badinage ?

Théétète – Incontestablement.

L'étranger – Or connais-tu une forme de badinage plus artistique ou plus charmante que la mimétique ?

Théétète – Aucune ; car cette forme dont tu parles, en ramenant tout à elle seule, est extrêmement vaste, et on peut dire, la plus complexe qui soit.

L'étranger – Ainsi, quand un homme se fait fort de tout créer par un seul art, nous reconnaissons qu'en fabriquant des imitations et des homonymes des êtres réels, il sera capable, grâce à son art de peindre, de faire illusion à des enfants irréfléchis,

---

[10] - Cf. République, 596 c : « Cet artisan dont je parle n'a pas seulement le talent de faire des meubles de toute sorte ; il fait encore toutes les plantes, et il façonne tous les êtres vivants et lui-même. Ce n'est pas tout : il fait la terre, le ciel, les dieux, tout ce qui existe dans le ciel et tout ce qui existe sous la terre chez Hadès. »

en leur montrant de loin ses peintures, et de leur faire croire qu'il est parfaitement capable de fabriquer réellement tout ce qu'il lui plaît de faire[11].

Théétète – Sans aucun doute.

L'étranger – Eh bien, ne faut-il pas nous attendre à trouver dans les discours un autre art par lequel il est possible de faire illusion, en versant des discours dans les oreilles, aux jeunes gens et à ceux qui sont encore éloignés de la vérité des choses, en leur montrant des images parlées de toutes choses, de manière à leur faire croire que ce qu'ils

---

[11] - Cf. République, 598 b-c : « Nous pouvons dire que le peintre nous peindra un cordonnier, un charpentier ou tout autre artisan sans connaître le métier d'aucun d'eux. Il n'en fera pas moins, s'il est bon peintre, illusion aux enfants et aux ignorants, en peignant un charpentier et en le montrant de loin, parce qu'il lui aura donné l'apparence d'un charpentier véritable. »

entendent est vrai et que celui qui leur parle est en tout le plus savant de tous(12).

Théétète – Pourquoi en effet n'y aurait-il pas un art de ce genre ?

L'étranger – Mais pour la plupart de ceux qui ont écouté ces discours, n'est-ce pas, Théétète, une nécessité qu'après un laps de temps suffisant et avec le progrès de l'âge, en abordant les choses de près et profitant de l'expérience qui les force à prendre nettement contact avec les réalités, ils modifient les opinions qu'ils s'étaient formées alors, de sorte que ce qui était grand leur paraît petit, ce qui était facile, difficile, et que les images parlées sont entièrement renversées par la réalité des faits ?

Théétète – Oui, du moins autant qu'on peut en juger, à mon âge ; mais je pense que, moi aussi, je

---

12 - 1 Cf. République, 598 c-d : « Quand quelqu'un vient nous dire qu'il a rencontré un homme au courant de tous les métiers et qui connaît mieux tous les détails de chaque art que n'importe quel spécialiste, il faut lui répondre qu'il est naïf et qu'il est tombé sans doute sur un charlatan ou un imitateur qui lui a jeté de la poudre aux yeux, et que, s'il l'a pris pour un savant universel, c'est qu'il n'est pas capable de distinguer la science, l'ignorance et l'imitation. »

suis de ceux qui n'aperçoivent encore les choses que de loin.

L'étranger – Voilà pourquoi nous tous ici présents, nous nous efforcerons et nous nous efforçons dès maintenant de t'en rapprocher le plus possible avant les avertissements de l'expérience. Mais, pour en revenir au sophiste, dis-moi une chose. N'est-il pas devenu clair que c'est un charlatan, qui ne sait qu'imiter les réalités, ou doutons-nous encore que, sur tous les sujets où il paraît capable de discuter, il n'en ait pas réellement la science ?

Théétète – Comment en douter encore, étranger ? Il est, au contraire, dès maintenant assez clair, d'après ce qui a été dit, qu'il fait partie de ceux qui pratiquent le badinage.

L'étranger – Il faut donc le regarder comme un charlatan et un imitateur.

Théétète – Comment faire autrement ?

L'étranger – Allons maintenant, c'est à nous de ne plus laisser échapper le gibier ; car nous l'avons à peu près enveloppé dans les filets que le raisonnement emploie pour ces matières. Aussi n'évitera-t-il pas ceci du moins.

Théétète – Quoi ?

L'étranger – D'être rangé dans le genre des faiseurs de prestiges.

Théétète – C'est une opinion que je partage sur le sophiste.

L'étranger – Voilà donc qui est décidé : nous allons diviser au plus vite l'art de faire des images, y descendre jusqu'au fond et, si le sophiste nous fait tête d'abord, nous le saisirons sur l'ordre de la raison, notre roi, et nous le lui livrerons en déclarant notre capture(13). Si, au contraire, il se faufile dans les parties de l'art d'imiter, nous l'y suivrons, divisant toujours la section où il se recèle, jusqu'à ce qu'il soit pris. Il est certain que ni lui, ni quelque autre espèce que ce soit ne se vantera jamais d'avoir échappé à la poursuite de ceux qui sont capables d'atteindre à la fois le détail et l'ensemble des choses.

---

13 - Platon songe ici à l'ordre que Datis reçut de Darius de lui amener prisonniers tous les Érétriens et tous les Athéniens. Arrivé à la frontière d'Érétrie, Datis commanda à ses soldats de s'étendre d'une mer à l'autre et de parcourir tout le territoire en se donnant la main, afin de pouvoir dite au roi que personne ne leur avait échappé. Cf. Ménexène, 240 a-c et Lois, 698 c. Il y a d'ailleurs un jeu de mots sur βασιλιχός, λόγος, édit royal et raison souveraine.

Théétète – C'est bien dit, et c'est ainsi qu'il faut nous y prendre.

L'étranger – En suivant la méthode de division que nous avons employée précédemment, je pense dès à présent apercevoir deux formes de l'art d'imiter ; mais dans laquelle se trouve l'aspect que nous cherchons, je ne me crois pas encore à même de le découvrir.

Théétète – Commence toujours par me dire et par distinguer les deux formes dont tu parles.

L'étranger – J'y en vois d'abord une, qui est l'art de copier. La meilleure copie est celle qui reproduit l'original en ses proportions de longueur, de largeur et de profondeur, et qui, en outre, donne à chaque partie les couleurs appropriées.

Théétète – Mais quoi ! est-ce que tous ceux qui imitent un modèle n'essayent pas d'en faire autant ?

L'étranger – Non pas ceux qui modèlent ou peignent des oeuvres de grande envergure. Car s'ils reproduisaient les proportions réelles des belles formes, tu sais que les parties supérieures paraîtraient trop petites et les parties inférieures trop grandes, parce que nous voyons les unes de loin et les autres de près(14).

Théétète – Certainement.

L'étranger – Aussi les artistes ne s'inquiètent pas de la vérité et ne reproduisent point dans leurs figures les proportions réelles, mais celles qui paraîtront belles ; n'est-ce pas vrai ?

Théétète – Tout à fait.

L'étranger – Or cette imitation, n'est-il pas juste, puisqu'elle ressemble à l'original, de l'appeler copie ?

Théétète – Si.

L'étranger – Et, dans l'art d'imiter, la partie qui poursuit la ressemblance, ne faut-il pas l'appeler, comme nous l'avons déjà dit, l'art de copier ?

Théétète – Il le faut.

---

14 - Cf. République, 602 c-d : « Les mêmes objets paraissent brisés ou droits, selon qu'on les regarde dans l'eau ou hors de l'eau, concaves ou convexes, suivant une autre illusion visuelle produite par les couleurs, et il est évident que tout cela jette le trouble dans notre âme. C'est à cette infirmité de notre nature que la peinture ombrée, l'art du charlatan et autres interventions du même genre s'adressent et appliquent tous les prestiges de la magie. »

L'étranger – Mais quoi ! ce qui paraît, parce qu'on le voit d'une position défavorable, ressembler au beau, mais qui, si l'on est à même de voir exactement ces grandes figures, ne ressemble même pas à l'original auquel il prétend ressembler, de quel nom l'appellerons-nous ? Ne lui donnerons-nous pas, parce qu'il paraît ressembler, mais ne ressemble pas réellement, le nom de simulacre ?

Théétète – Sans contradiction.

L'étranger – Et n'est-ce pas là une partie tout à fait considérable de la peinture et de l'art d'imiter en général ?

Théétète – Incontestablement.

L'étranger – Mais l'art qui produit un simulacre au lieu d'une image, ne serait-il pas très juste de l'appeler l'art du simulacre ?

Théétète – Très juste.

L'étranger – Voilà donc les deux espèces de fabrication des images dont je parlais, l'art de la copie et l'art du simulacre.

Théétète – C'est bien cela.

L'étranger – Quant à la question qui m'embarrassait, de savoir dans laquelle de ces deux classes il faut placer le sophiste, je n'arrive pas encore à y voir bien clair. C'est un personnage véritablement étonnant et très difficile à connaître, puisque le voilà encore une fois bel et bien caché dans une espèce difficile à découvrir.

Théétète – C'est ce qu'il semble.

L'étranger – Est-ce en connaissance de cause que tu me donnes ton assentiment, ou est-ce entraîné par l'argumentation et l'habitude, que tu t'es laissé aller à un acquiescement si rapide ?

Théétète – Que veux-tu dire et où tend ta question ?

L'étranger – C'est que réellement, bienheureux jeune homme, nous voilà engagés dans une recherche tout à fait épineuse, car paraître et sembler, sans être, parler, mais sans rien dire de vrai, tout cela a toujours été plein de difficultés, autrefois comme aujourd'hui. Car soutenir qu'il est réellement possible de dire ou de penser faux et, quand on a affirmé cela, qu'on n'est pas enchevêtré dans la contradiction, c'est véritablement, Théétète, difficile à concevoir.

Théétète – Pourquoi donc ?

L'étranger – C'est que cette assertion implique l'audacieuse supposition que le non-être existe, car, autrement, le faux ne pourrait pas être. Or le grand Parménide, mon enfant, au temps où nous étions enfants nous-mêmes, a toujours, du commencement jusqu'à la fin, protesté contre cette supposition et il a constamment répété en prose comme en vers :

Non, jamais on ne prouvera que le non-être existe.

Écarte plutôt ta pensée de cette route de recherche[15].

Tel est son témoignage. Mais le meilleur moyen d'obtenir une confession de la vérité, ce serait de soumettre l'assertion elle-même à une torture modérée. C'est là, par conséquent, ce dont nous avons à nous occuper d'abord, si tu le veux bien.

Théétète – En ce qui me touche, procède comme tu voudras. Considère seulement la meilleure manière de mener à terme l'argumentation, et va toi-même de l'avant : je te suivrai sur la route que tu prendras.

---

[15] - Cf. Diels, *Fragmente der Vorsokratiker*, frg. 7, et Aristote, *Métaphysique*, 1089 a, 2 et suiv.

L'étranger – C'est ce qu'il faut faire. Maintenant dis-moi : ce qui n'existe en aucune manière, oserons-nous bien l'énoncer ?

Théétète – Pourquoi pas ?

L'étranger – Il ne s'agit ni de chicaner ni de badiner ; mais, si l'un de ceux qui nous écoutent était sérieusement mis en demeure de réfléchir et de dire à quoi il fait appliquer ce terme de non-être, à quoi, à quelle sorte d'objet croyons-nous qu'il l'appliquerait et comment l'expliquerait-il à son questionneur ?

Théétète – Ta question est difficile, et je dirai presque insoluble pour un esprit comme le mien.

L'étranger – En tout cas, voici qui est clair, c'est que le non-être ne peut être attribué à quelque être que ce soit.

Théétète – Comment le pourrait-il ?

L'étranger – Par conséquent, si on ne peut l'attribuer à l'être, on ne peut pas non plus l'appliquer justement à quelque chose.

Théétète – Comment cela ?

L'étranger – Il est évident aussi pour nous que, chaque fois que nous employons ce terme « quelque chose », nous l'appliquons à un être, car l'employer seul, pour ainsi dire nu et séparé de tous les êtres, c'est chose impossible, n'est-ce pas ?

Théétète – Impossible.

L'étranger – Si nous considérons la question de ce biais, m'accordes-tu que nécessairement celui qui dit quelque chose dit une certaine chose ?

Théétète – Oui.

L'étranger – Car, tu l'avoueras, quelque chose signifie une chose, et quelques choses signifient ou bien deux ou beaucoup.

Théétète – Comment ne pas l'accorder ?

L'étranger – Mais celui qui ne dit pas quelque chose, il est de toute nécessité, ce me semble, qu'il ne dise absolument rien.

Théétète – Oui, de toute nécessité.

L'étranger – Dès lors il ne faut même pas concéder que cet homme parle, il est vrai, mais ne dit rien ; mais il faut déclarer qu'il ne parle même pas, quand il entreprend d'énoncer le non-être.

Théétète – Voilà au moins qui mettrait fin aux difficultés de la question.

L'étranger – Ne chantons pas encore victoire ; car il reste encore, mon bienheureux ami, une difficulté, et c'est, de toutes, la plus grande et la première ; car elle se rapporte au commencement même du sujet.

Théétète – Que veux-tu dire ? Parle sans tergiverser.

L'étranger – À l'être on peut, j'imagine, adjoindre quelque autre être.

Théétète – Sans contredit.

L'étranger – Mais au non-être, dirons-nous qu'il soit jamais possible d'adjoindre quelque être ?

Théétète – Comment pourrions-nous le dire ?

L'étranger – Or nous rangeons parmi les êtres le nombre en général.

Théétète – S'il faut y ranger quelque chose, c'est bien le nombre.

L'étranger – Alors il ne faut même pas essayer de rapporter au non-être ni pluralité, ni unité.

Théétète – Nous aurions tort, ce semble, de l'essayer ; notre raisonnement nous le défend.

L'étranger – Alors comment exprimer par le discours ou même concevoir tant soit peu par la pensée les non-êtres et le non-être sans faire usage du nombre ?

Théétète – Explique-toi.

L'étranger – Quand nous parlons des non-êtres, n'essayons-nous pas d'y ajouter une pluralité de nombre ?

Théétète – Sans doute.

L'étranger – Et de non-être, d'y ajouter l'unité ?

Théétète – Oui, très nettement.

L'étranger – Et pourtant nous déclarons qu'il n'est ni juste ni correct de vouloir ajuster l'être au non-être.

Théétète – C'est très vrai.

L'étranger – Comprends-tu alors qu'il est proprement impossible soit de prononcer, soit de dire, soit de penser le non-être tout seul et qu'il est au contraire inconcevable, inexprimable, imprononçable et indéfinissable ?

Théétète – C'est tout à fait exact.

L'étranger – Me suis-je donc trompé tout à l'heure en disant que j'allais énoncer la plus grande difficulté du sujet ?

Théétète – Quoi donc ! Y en a-t-il encore une plus grande à citer ?

L'étranger – Quoi donc ! étonnant jeune homme, ne vois-tu pas par cela même qui vient d'être dit que le non-être réduit celui qui voudrait le réfuter à de telles difficultés que, lorsqu'il l'essaye, il est forcé de se contredire lui-même ?

Théétète – Comment dis-tu ? Explique-toi plus clairement.

L'étranger – Ce n'est pas à moi qu'il faut demander plus de clarté. Car après avoir posé en principe que le non-être ne doit participer ni de l'unité ni de la pluralité, j'ai dit par là même tout à l'heure et je répète maintenant encore qu'il est un ; car je dis le non-être. Tu comprends certainement.

Théétète – Oui.

L'étranger – J'ai dit aussi il n'y a qu'un instant qu'il est indéfinissable, inexprimable et imprononçable. Tu me suis ?

Théétète – Je te suis. Comment ne te suivrais-je pas ?

L'étranger – Est-ce qu'en essayant d'attacher l'être au non-être, je ne contredisais pas ce que j'avais dit auparavant ?

Théétète – Il semble.

L'étranger – Eh quoi ! en l'y attachant, n'en ai-je pas parlé comme si je l'attachais à une chose ?

Théétète – Si.

L'étranger – Et en l'appelant indéfinissable, inexprimable, imprononçable, n'en ai-je pas parlé comme de quelque chose d'un ?

Théétète – Sans doute.

L'étranger – Or nous disons que, pour parler avec propriété, il ne faut le définir ni comme un, ni comme plusieurs, ni même le nommer du tout, car en le nommant on lui donnerait la forme de l'unité.

Théétète – Incontestablement.

L'étranger – Dès lors, à quoi bon parler encore de moi ? car en ce moment, comme tout à l'heure, on peut constater que je suis battu dans cette argumentation contre le non-être. Aussi, je l'ai déjà dit, ce n'est pas chez moi qu'il faut chercher la propriété du langage au sujet du non-être. Mais allons, cherchons-la chez toi à présent.

Théétète – Que veux-tu dire ?

L'étranger – Allons, déploie-nous bravement et généreusement toutes tes forces, comme un jeune homme que tu es, et, sans attribuer au non-être ni l'existence, ni l'unité, ni la pluralité numérique, tâche d'énoncer quelque chose avec justesse sur le non-être.

Théétète – Il me faudrait certainement avoir une terrible et ridicule envie de tenter l'entreprise pour m'y résoudre en voyant à quoi tu as abouti.

L'étranger – Eh bien, s'il te plaît, mettons-nous, toi et moi, hors de cause, et jusqu'à ce que nous rencontrions quelqu'un qui puisse se tirer de cette difficulté, jusque-là disons que le sophiste, avec une astuce sans égale, s'est dérobé dans une cachette impénétrable.

Théétète – Il en a tout l'air.

L'étranger – En conséquence, si nous disons qu'il possède une sorte d'art fantasmagorique, il tirera facilement avantage des mots employés par nous pour nous contre-attaquer et les retourner contre nous, et, lorsque nous l'appellerons faiseur d'images, il nous demandera ce qu'après tout nous entendons par images. Il faut donc, Théétète, examiner quelle réponse on fera à la question de ce vigoureux adversaire.

Théétète – Évidemment nous lui citerons les images réfléchies dans l'eau et dans les miroirs, les images peintes ou sculptées et toutes les autres du même genre.

L'étranger – Il est clair, Théétète, que tu n'as jamais vu de sophiste.

Théétète – Pourquoi donc ?

L'étranger – Il te semblera qu'il a les yeux fermés ou qu'il n'a point d'yeux du tout.

Théétète – Comment cela ?

L'étranger – Quand tu lui feras réponse en ces termes, et que tu lui citeras les miroirs et les moulages, il rira de t'entendre lui parler comme à un homme qui voit clair. Il fera semblant de ne connaître ni les miroirs, ni l'eau, ni la vue même, et il se bornera à demander ce qu'on peut tirer de tes discours.

Théétète – Qu'est-ce donc ?

L'étranger – Ce qu'il y a de commun dans toutes ces choses que tu dis multiples et que tu as cru devoir appeler d'un seul nom, celui d'image, appliqué à toutes comme si elles étaient une seule chose. Parle donc et défends-toi sans céder un pouce à l'adversaire.

Théétète – Que pouvons-nous donc dire, étranger, qu'est l'image, sinon un second objet pareil, copié sur le véritable ?

L'étranger – Mais, à ton avis, cet objet pareil est-il véritable, ou à quoi appliques-tu ce mot « pareil » ?

Théétète – Véritable, non pas, mais ressemblant.

L'étranger – Le véritable, n'est-ce pas, selon toi, celui qui existe réellement ?

Théétète – Si.

L'étranger – Mais quoi ! ce qui n'est pas véritable, n'est-ce pas le contraire du vrai ?

Théétète – Naturellement.

L'étranger – Alors ce qui est ressemblant n'existe pas réellement, selon toi, puisque tu dis qu'il n'est pas véritable ?

Théétète – Mais il existe pourtant en quelque manière.

L'étranger – Mais non véritablement, dis-tu.

Théétète – Assurément non, sauf qu'il est réellement une image.

L'étranger – Alors, quoique n'étant pas réellement, il est réellement ce que nous appelons une image ?

Théétète – Il semble que voilà l'être et le non-être entrelacés et enchevêtrés ensemble d'une façon bien étrange.

L'étranger – Étrange assurément. Tu vois, en tout cas, que, par cet entre-croisement, le sophiste aux cent têtes nous a contraints une fois de plus à reconnaître, en dépit que nous en ayons, que le non-être existe en quelque façon.

Théétète – Je ne le vois que trop.

L'étranger – Mais alors comment pouvons-nous définir son art sans nous contredire nous-mêmes ?

Théétète – Que veux-tu dire, et que crains-tu pour parler de la sorte ?

L'étranger – Quand nous disons qu'il nous trompe par des fantômes et que son art est un art de tromperie, disons-nous alors que notre âme se forme des opinions fausses par l'effet de son art ? sinon, que pourrons-nous dire ?

Théétète – Cela même ; car que pourrions-nous dire d'autre ?

L'étranger – Mais penser faux sera-ce penser le contraire de ce qui est, ou que sera-ce ?

Théétète – Le contraire de ce qui est.

L'étranger – Tu soutiens donc que penser faux, c'est penser ce qui n'est pas ?

Théétète – Nécessairement.

L'étranger – Est-ce penser que ce qui n'est pas n'existe pas, ou que ce qui n'est en aucune façon existe en quelque façon ?

Théétète – Il faut certainement penser que ce qui n'est pas existe en quelque façon, si l'on veut que l'erreur soit possible si peu que ce soit.

L'étranger – Et de même que ce qui existe absolument n'existe absolument pas.

Théétète – Oui.

L'étranger – Et que c'est encore là une fausseté.

Théétète – C'en est encore une.

L'étranger – On jugera de même, j'imagine, qu'un discours est faux, s'il affirme que ce qui est n'est pas et que ce qui n'est pas est.

Théétète – En effet, de quelle autre manière pourrait-il être faux ?

L'étranger – Je n'en vois guère d'autre. Mais cela, le sophiste n'en conviendra pas. Et le moyen qu'un homme raisonnable en convienne, quand il a été reconnu précédemment que les non-êtres sont imprononçables, inexprimables, indéfinissables et inconcevables ? Comprenons-nous bien, Théétète, ce que peut dire le sophiste ?

Théétète – Comment ne pas comprendre qu'il nous reprochera de dire le contraire de ce que nous disions tout à l'heure, quand nous avons eu l'audace d'affirmer qu'il y a de l'erreur dans les opinions et dans les discours ? Nous sommes en effet constamment obligés de joindre l'être au non-être, après être convenus tout à l'heure que c'était la chose du monde la plus impossible.

L'étranger – Tu as bonne mémoire. Mais voici le moment de décider ce qu'il faut faire au sujet du sophiste ; car tu vois que si, continuant à le scruter, nous le plaçons dans la classe des artisans de mensonges et des charlatans, les objections et les difficultés se présentent d'elles-mêmes et en foule.

Théétète – Je ne le vois que trop.

L'étranger – Et encore n'en avons-nous passé en revue qu'une petite partie : elles sont, pourrait-on dire, infinies.

Théétète – Impossible, ce semble, de saisir le sophiste, s'il en est ainsi.

L'étranger – Quoi donc ! Allons-nous perdre courage à présent et quitter la partie ?

Théétète – Mon avis à moi, c'est qu'il ne le faut pas, si nous pouvons avoir tant soit peu prise sur notre homme.

L'étranger – Tu seras donc indulgent et, comme tu viens de le dire, tu seras content, si nous trouvons moyen de nous libérer tant soit peu de l'étreinte d'un si fort argument.

Théétète – Tu n'as pas à en douter.

L'étranger – Maintenant j'ai encore une prière plus pressante à t'adresser.

Théétète – Laquelle ?

L'étranger – De ne pas me regarder comme une sorte de parricide.

Théétète – Qu'est-ce à dire ?

L'étranger – C'est qu'il nous faudra nécessairement, pour nous défendre, mettre à la question la thèse de notre père Parménide et prouver par la force de nos arguments que le non-être est sous certain rapport, et que l'être, de son côté, n'est pas en quelque manière.

Théétète – Évidemment, c'est là le point à débattre dans notre discussion.

L'étranger – On ne peut plus évident, même, comme on dit, pour un aveugle ; car, tant qu'on n'aura pas réfuté ou accepté la théorie de Parménide, on ne pourra guère parler de discours faux ou d'opinion fausse, ni de simulacres, ni d'images, ni d'imitations, ni d'apparences, ni non plus des arts qui s'y rapportent, sans échapper au ridicule d'inévitables contradictions.

Théétète – C'est très vrai.

L'étranger – Voilà pourquoi il faut attaquer à présent la thèse de notre père, ou, si quelque scrupule nous empêche de le faire, renoncer absolument à la question.

Théétète – Non, il ne faut nous arrêter à aucun obstacle d'aucune sorte.

L'étranger – En ce cas, je te ferai pour la troisième fois une petite requête.

Théétète – Tu n'as qu'à parler.

L'étranger – J'ai dit tout à l'heure que, pour une telle réfutation, je me suis toujours senti impuissant et que je le suis encore à présent.

Théétète – Tu l'as dit.

L'étranger – J'ai peur qu'après un tel aveu, tu ne me prennes pour un fou, en me voyant passer tout d'un coup d'une extrémité à l'autre. Au fait, c'est pour te complaire que je vais entreprendre cette réfutation, si réfutation il y a.

Théétète – Persuade-toi que je ne trouverai absolument rien à redire à ce que tu te lances dans cette réfutation et cette démonstration. À cet égard, tu peux avoir confiance et aller de l'avant.

L'étranger – Voyons, par où commencerons-nous cette périlleuse discussion ? Selon moi, mon enfant, voici le chemin qu'il nous faut suivre de préférence.

Théétète – Lequel ?

L'étranger – C'est d'examiner d'abord les choses qui nous semblent évidentes, de peur que nous n'en ayons des notions confuses, et que nous ne nous les accordions réciproquement avec trop de facilité, comme si nous en avions des idées bien nettes.

Théétète – Exprime plus clairement ce que tu veux dire.

L'étranger – Il me semble que Parménide et tous ceux qui ont jamais entrepris de discerner et de déterminer le nombre et la nature des êtres en ont pris bien à leur aise pour nous en parler.

Théétète – Comment ?

L'étranger – Ils m'ont tous l'air de réciter une fable comme à des enfants. L'un dit que les êtres sont au nombre de trois et que certains d'entre eux, tantôt se font une sorte de guerre, et tantôt, devenant amis, se marient, ont des enfants et les élèvent[16]. Un autre prétend qu'il y en a deux, l'humide et le sec, ou le chaud et le froid, qu'il loge et marie ensemble[17]. Chez nous, l'école d'Élée, à dater de Xénophane et même de plus haut, tient ce qu'on appelle le tout pour un seul être et nous le présente comme tel en ses mythes. Plus tard, certaines Muses d'Ionie et de Sicile[18] ont réfléchi que le plus sûr est de combiner les deux thèses et de dire que l'être est à la fois multiple et un et qu'il se maintient par la haine et par l'amitié. Son

---

16 - Il s'agit de certains Ioniens qui posaient une seule matière, à laquelle ils adjoignaient deux forces opposées qui avaient le pouvoir d'unir et de séparer.

17- - Par exemple Archélasos, disciple d'Anaxagore, et beaucoup d'autres.

18 -- C'est-à-dire Héraclite d'Éphèse et Empédocle d'Agrigente.

désaccord est en effet un éternel accord, disent les Muses à la voix plus tendues[19] ; mais celles dont la voix est plus molle ont relâché la rigueur de cette lutte perpétuelle ; elles disent que, soumis à l'alternance, le tout est tantôt un et en bonne harmonie sous l'influence d'Aphrodite, et tantôt multiple et en guerre avec lui-même par suite de je ne sais quelle discorde[20]. En tout cela, lequel d'entre eux a dit vrai ou faux, il serait difficile de le décider, et il serait malséant de critiquer en des matières si hautes des hommes illustres et anciens. Mais voici ce qu'on peut déclarer sans encourir de blâme.

Théétète – Quoi ?

---

[19] - Héracite affirmait que l'unité s'opposant à elle-même produit l'accord comme l'harmonie de l'arc et de la lyre (Banquet, 187 a). C'est à cette comparaison célèbre de l'unité s'opposant à elle-même comme les cordes tendues à la lyre ou à l'arc que l'expression « les Muses à la voix plus tendue » fait allusion.

[20] - À cette énumération de philosophes, comparez celle d'Isocrate parlant des anciens sophistes : « Pour l'un, il y a une infinité d'êtres ; pour Empédocle, quatre, parmi lesquels règnent la Haine et l'Amitié ; pour Ion, seulement trois ; pour Alcméon, rien que deux, pour Parménide et Mélissos, un ; pour Gorgias, absolument aucun. » Or., XV, 268.

L'étranger – C'est qu'ils ont eu trop peu d'égards et de considération pour la foule que nous sommes ; car, sans se mettre en peine si nous pouvons suivre leur argumentation ou si nous restons en arrière, chacun d'eux va son chemin jusqu'au bout.

Théétète – Que veux-tu dire ?

L'étranger – Lorsque l'un d'eux prononce qu'il existe, ou qu'il est né, ou qu'il naît plusieurs êtres, ou un seul, ou deux, et qu'un autre parle du chaud mélangé au froid, en supposant des séparations et des combinaisons, au nom des dieux, Théétète, comprends-tu ce qu'ils veulent dire par chacune de ces choses ? Pour moi, quand j'étais plus jeune, chaque fois qu'on parlait de ce qui nous embarrasse à présent, du non-être, je m'imaginais le comprendre exactement. Mais aujourd'hui tu vois à quel point il nous embarrasse.

Théétète – Je le vois.

L'étranger – Or il se peut fort bien que notre âme soit dans le même état relativement à l'être lorsqu'on en parle, nous pensons le comprendre sans difficulté, et ne pas comprendre l'autre terme ; mais en réalité nous en sommes au même point en ce qui regarde l'un et l'autre.

Théétète – Cela se peut.

L'étranger – Il faut en dire autant des autres termes dont nous avons parlé précédemment.

Théétète – Certainement.

L'étranger – Nous examinerons plus tard, si tu le veux, la plupart d'entre eux ; mais à présent c'est le plus grand, le chef, qu'il faut examiner d'abord.

Théétète – Lequel veux-tu dire ? Évidemment, c'est de l'être, selon toi, qu'il faut nous occuper d'abord, pour voir ce que ceux qui l'énoncent pensent qu'il signifie.

L'étranger – Tu as saisi ma pensée au bond, Théétète. Voici, selon moi, la méthode que nous avons à suivre, c'est de les questionner, comme s'ils étaient présents, de la manière que voici : Allons, vous tous qui prétendez que le tout est le chaud et le froid, ou deux principes semblables, qu'est-ce que peut bien vouloir dire cette expression que vous appliquez au couple, quand vous dites de l'un et l'autre ou de chacun séparément qu'il est ? Que faut-il que nous entendions par votre être ? Est-ce un troisième principe ajouté aux deux autres ? Faut-il admettre que le tout est trois, selon vous, et non plus deux ? Car, si vous réservez le nom d'être à l'un des deux, vous ne dites plus qu'ils sont également tous deux, et quel que soit l'élément que vous appellerez être, il ne saurait guère y en avoir qu'un, et non pas deux.

Théétète – Tu dis vrai.

L'étranger – Alors est-ce le couple que vous voulez appeler être ?

Théétète – Peut-être.

L'étranger – Mais alors, amis, répliquerons-nous, de cette manière encore vous affirmez très nettement que les deux ne sont qu'un.

Théétète – Ta réplique est on ne peut plus juste.

L'étranger – Puis donc que nous sommes embarrassés, c'est à vous à nous expliquer clairement ce que vous voulez désigner quand vous prononcez le mot être ; car il est évident que vous savez cela depuis longtemps. Nous-mêmes jusqu'ici nous croyions le savoir, mais à présent nous sommes dans l'embarras. Commencez donc par nous renseigner là-dessus, afin que nous ne nous figurions pas comprendre ce que vous dites, tandis que ce serait tout le contraire. En parlant ainsi et en faisant cette requête à ces gens et à tous ceux qui prétendent que le tout est plus qu'un, ne serions-nous pas, mon enfant, dans la note juste ?

Théétète – Absolument.

L'étranger – Mais quoi ! ne faut-il pas nous informer, comme nous pourrons, auprès de ceux qui disent que le tout est un, de ce qu'ils entendent par l'être ?

Théétète – Naturellement, il le faut.

L'étranger – Alors, qu'ils répondent à cette question : Vous affirmez, je crois, qu'il n'y a qu'un être ? – Nous l'affirmons en effet, répondront-ils, n'est-il pas vrai ?

Théétète – Oui.

L'étranger – Et ce nom d'être, vous l'appliquez à quelque chose ?

Théétète – Oui.

L'étranger – Est-ce la même chose que l'un et employez-vous deux noms pour désigner le même objet, ou que faut-il en penser ?

Théétète – Que vont-ils répondre à cette question, étranger ?

L'étranger – Il est clair, Théétète, que celui qui soutient cette hypothèse ne trouvera pas que c'est la chose du monde la plus aisée de répondre à la question présente, ni à toute autre question que ce soit.

Théétète – Comment cela ?

L'étranger – Reconnaître qu'il y a deux noms, après avoir posé qu'il n'y a que l'un, c'est quelque peu ridicule.

Théétète – Sans aucun doute.

L'étranger – Et en général il serait déraisonnable d'approuver quelqu'un qui dirait qu'un nom a quelque existence.

Théétète – En quoi ?

L'étranger – En ce que poser que le nom est autre que la chose, c'est dire qu'il y a deux choses.

Théétète – Oui.

L'étranger – En outre, poser le nom comme identique à la chose, c'est forcément dire qu'il n'est le nom de rien, ou, si l'on veut qu'il soit le nom de quelque chose, il s'ensuivra que le nom sera uniquement le nom d'un nom et de rien d'autre.

Théétète – C'est vrai.

L'étranger – Et que l'un, n'étant que l'unité de l'un, ne sera lui-même que l'unité d'un nom.

Théétète – Nécessairement.

L'étranger – Et le tout, diront-ils qu'il est autre que l'un qui est, ou qu'il lui est identique ?

Théétète – Certainement ils diront et ils disent qu'il lui est identique..

L'étranger – Si donc c'est un tout, comme le dit Parménide lui-même :

Semblable à la masse d'une sphère de toutes parts bien arrondie,
Partout équidistant du centre ; car qu'il soit plus grand
Ou plus petit d'un côté que de l'autre, cela ne se peut[21],

l'être qui est tel a un milieu et des extrémités, et, s'il a tout cela, il est de toute nécessité qu'il ait des parties, n'est-il pas vrai ?

Théétète – Si.

L'étranger – Cependant rien n'empêche une chose ainsi divisée de posséder l'unité en tant qu'ensemble de parties et par là même d'être une, puisqu'elle est une somme et un tout.

Théétète – Qui l'en empêcherait ?

---

[21] - Cf. Diels, Vorsokratiker, 13, p. 156 (frg. 8, 43).

L'étranger – Mais dans ces conditions n'est-il pas impossible que la chose soit l'un même ?

Théétète – Comment ?

L'étranger – Parce qu'il faut admettre que ce qui est véritablement un, au sens exact du mot, doit être absolument sans parties.

Théétète – En effet.

L'étranger – Et une chose ainsi constituée de plusieurs parties ne répondra pas à cette définition.

Théétète – Je comprends.

L'étranger – Mais est-ce que l'être affecté d'un caractère d'unité sera un être un et un tout, ou bien nierons-nous absolument que l'être soit un tout ?

Théétète – C'est un choix difficile que tu me proposes là.

L'étranger – Rien n'est plus vrai que ce que tu dis. Car l'être à qui s'ajoute cette sorte d'unité n'apparaîtra point identique à l'un et le tout sera plus qu'un.

Théétète – Oui.

L'étranger – En outre, si l'être n'est pas tout, pour avoir reçu de l'un ce caractère d'unité, et si le tout absolu existe, il s'ensuit que l'être se fait défaut à lui-même.

Théétète – Assurément.

L'étranger – Et suivant ce raisonnement, l'être, étant privé de lui-même, ne sera pas être.

Théétète – C'est juste.

L'étranger – Et le tout devient encore une fois plus que l'un, puisque l'être et le tout ont reçu chacun de leur côté une nature qui leur est propre.

Théétète – Oui.

L'étranger – Mais si le tout n'existe absolument pas, il en est de même de l'être, et non seulement il n'est pas, mais il ne pourra jamais même exister.

Théétète – Pourquoi donc ?

L'étranger – Ce qui est devenu est toujours devenu sous la forme d'un tout, de sorte qu'il ne faut reconnaître ni existence ni génération comme réelles, si l'on ne met l'un ou le tout au nombre des êtres.

Théétète – Il est tout à fait vraisemblable qu'il en soit ainsi.

L'étranger – En outre, ce qui n'est pas un tout ne saurait non plus avoir aucune quantité ; car ce qui a une quantité, quelle qu'elle soit, par cette quantité même forme nécessairement un tout.

Théétète – Assurément.

L'étranger – Et mille autres problèmes, chacun enveloppant des difficultés inextricables, surgiront pour celui qui prétend que l'être est, soit deux, soit un seulement.

Théétète – C'est ce que prouvent assez celles que nous venons d'entrevoir : elles s'enchaînent l'une à l'autre et suscitent des doutes toujours plus grands et plus inquiétants sur toutes les questions déjà traitées.

L'étranger – Nous n'avons pas passé en revue tous ceux qui ont minutieusement traité la question de l'être et du non-être[22], mais ce que nous en avons dit doit suffire. Il faut considérer maintenant ceux qui professent des doctrines différentes[23], afin de nous convaincre par un examen complet qu'il n'est

---

[22] - Ceux qui ont traité de l'être sont les Ioniens, les Éléates, Héraclite, Empédocle ; ceux qui ont étudié les rapports de l'être et du non-être sont les Éléates et les Mégariques ; ceux qui ont enseigné que le non-être ne pouvait même pas être pensé sont Gorgias, Protagoras, Antisthène et d'autres.

[23] - Ceux-ci sont d'abord les atomistes, qui plaçaient l'être dans les corps, puis ceux qui le plaçaient dans les idées seules.

pas plus aisé de définir la nature de l'être que celle du non-être.

Théétète – Il faut donc en venir à ceux-là aussi.

L'étranger – Il semble vraiment qu'il y ait entre eux comme un combat de géants, tant ils contestent entre eux sur l'être.

Théétète – Comment cela ?

L'étranger – Les uns tirent sur la terre tout ce qui tient au ciel et à l'invisible, enserrant littéralement rocs et chaînes dans leurs bras. Comme ils n'étreignent que des objets de cette sorte, ils soutiennent opiniâtrement que cela seul existe qui offre de la résistance et se laisse toucher ; ils définissent le corps et l'existence comme identiques[24] et, si un philosophe d'une autre secte prétend qu'il existe des êtres sans corps, ils ont pour lui un souverain mépris et ne veulent plus rien entendre.

Théétète – Ce sont là, ma foi, des gens intraitables ; car j'en ai moi-même souvent rencontré.

---

[24] - Cf. Théétète, 155 e, où Socrate parle des atomistes en ces termes : « Ce sont des gens qui croient qu'il n'existe pas autre chose que ce qu'ils peuvent saisir à pleines mains et qui ne reçoivent au rang des êtres ni les actions, ni les genèses, ni tout ce qui est invisible. »

L'étranger – C'est pourquoi ceux qui contestent contre eux se défendent avec beaucoup de circonspection du haut de quelque région invisible et les forcent de reconnaître certaines idées intelligibles et incorporelles pour la véritable essence. Quant aux corps de leurs adversaires et à ce que ceux-ci appellent la vérité, ils la brisent en menus morceaux dans leur argumentation, et, au lieu de l'essence, ne leur accordent qu'un mobile devenir[25]. Sur ce terrain, Théétète, il y a toujours une lutte acharnée entre les deux camps.

Théétète – C'est vrai.

L'étranger – Maintenant demandons à ces deux races de nous expliquer ce qu'elles tiennent pour l'essence.

Théétète – Comment en tirerons-nous cette explication ?

L'étranger – De ceux qui placent l'existence dans les idées, nous l'obtiendrons plus facilement, car ils sont d'humeur plus douce ; mais de ceux qui

---

[25] - Ces adversaires des atomistes sont les Mégariques, qui, partant de la doctrine de Parménide, n'accordaient l'être qu'aux idées ou formes rigides, immuables, éternelles, sans communication entre elles.

ramènent tout de vive force au corps, ce sera plus difficile, peut-être même presque impossible. Mais voici, ce me semble, comment il faut en user avec eux.

Théétète – Voyons.

L'étranger – Le mieux, s'il y avait quelque moyen d'y arriver, serait de les rendre réellement meilleurs. Mais, si cela n'est pas en notre pouvoir, faisons-les tels en imagination et supposons qu'ils consentent à nous répondre avec plus de civilité qu'ils ne font à présent. L'assentiment des honnêtes gens a, je pense, plus de poids que celui des malhonnêtes. D'ailleurs ce n'est pas d'eux que nous nous préoccupons, nous ne cherchons que la vérité.

Théétète – Très juste.

L'étranger – Demande donc à ceux qui sont devenus meilleurs de te répondre et fais-toi l'interprète de leurs déclarations.

Théétète – Je veux bien.

L'étranger – Qu'ils disent donc s'ils admettent qu'un animal vivant mortel soit quelque chose.

Théétète – Naturellement, ils l'admettent.

L'étranger – Et cet être vivant, n'accordent-ils pas que c'est un corps animé ?

Théétète – Si fait.

L'étranger – Ils mettent ainsi l'âme au rang des êtres ?

Théétète – Oui.

L'étranger – Et en parlant de l'âme, ne disent-ils pas que l'une est juste et l'autre injuste, celle-ci sensée et celle-là insensée ?

Théétète – Sans doute.

L'étranger – Or n'est-ce pas par la possession et la présence de la justice que chaque âme devient telle et par la présence du contraire qu'elle devient le contraire ?

Théétète – Si, cela encore ils l'accordent.

L'étranger – Mais ce qui est capable de devenir présent quelque part ou d'en être absent, ils admettront que c'est certainement quelque chose qui existe ?

Théétète – Ils en conviennent effectivement.

L'étranger – Si donc la justice existe, ainsi que la sagesse et la vertu en général et leurs contraires, et si l'âme qui en est le siège existe aussi, y a-t-il quelqu'une de ces réalités qu'ils reconnaissent comme visible et tangible, ou prétendent-ils qu'elles sont toutes invisibles ?

Théétète – Ils disent qu'il n'y en a à peu près aucune de visible.

L'étranger – Et ces réalités invisibles, ont-elles un corps, selon eux ?

Théétète – Ici, ils ne se bornent plus à une seule et même réponse. Pour l'âme, ils croient qu'elle a une sorte de corps ; mais pour la sagesse et les autres réalités sur lesquelles tu les as interrogés, ils éprouvent quelque honte et n'osent ni avouer qu'elles n'ont aucune existence, ni affirmer catégoriquement qu'elles sont toutes des corps.

L'étranger – Il est clair, Théétète, que nos gens sont devenus plus honnêtes ; car ceux d'entre eux qui ont été semés et sont issus de la terre[26] ne ressentiraient aucune honte ; ils soutiendraient, au contraire, que tout ce qu'ils ne peuvent étreindre de leurs mains n'existe absolument pas.

---

[26] - Par ces hommes nés des dents du dragon semées par Cadmos, l'étranger désigne des âmes matérielles, qui n'ont rien de commun avec les âmes venues du ciel et avec le monde invisible. Platon vise ici les atomistes et sans doute aussi Antisthène et Aristippe.

Théétète – C'est bien là le fond de leur pensée.

L'étranger – Continuons donc à les interroger ; car, s'ils consentent à accorder qu'il existe quelque être incorporel, si petit soit-il, cela suffit. Il faut, en effet, qu'ils définissent ce qu'ils trouvent de commun entre les choses incorporelles et les corporelles, pour pouvoir dire des unes comme des autres qu'elles existent. Il est possible qu'ils soient embarrassés pour le faire ; s'ils le sont en effet, examine si, sur notre proposition, ils consentiraient à admettre et à avouer une définition de l'être comme celle-ci.

Théétète – Laquelle donc ? Parle, et nous saurons à quoi nous en tenir.

L'étranger – Je dis que ce qui possède naturellement une puissance quelconque, soit d'agir sur n'importe quelle autre chose, soit de subir l'action, si petite qu'elle soit, de l'agent le plus insignifiant, et ne fût-ce qu'une seule fois, tout ce qui la possède est un être réel ; car je pose comme une définition qui définit les êtres, qu'ils ne sont autre chose que puissance.

Théétète – Comme ils n'ont eux-mêmes en ce moment aucune définition meilleure à proposer, ils acceptent celle-là.

L'étranger – C'est bien. Peut-être, en effet, par la suite, nous, comme eux, serons-nous d'un autre avis. Pour le moment, que cela reste convenu entre eux et nous.

Théétète – C'est entendu.

L'étranger – Passons maintenant aux autres, aux amis des idées[27], et toi, interprète-nous encore leur doctrine.

Théétète – Je veux bien.

---

[27] - On n'est pas d'accord sur les philosophes que l'étranger désigne ici par les amis des idées ou des formes. On a cru longtemps que c'étaient les Mégariques ; mais les rares textes qui les concernent font voir en eux des partisans de l'unité absolue, et non d'une pluralité intelligible. On a supposé aussi qu'il s'agissait d'une fraction de l'école platonicienne, dirigée par Speusippe, pendant le troisième voyage de Platon en Sicile. Burnet voit en eux les derniers pythagoriciens. A. Diès croit que ces amis des formes sont une création littéraire de Platon, un « éléatisme littérairement imaginé ». Il faudrait mieux connaître, pour se prononcer, les courants d'idées qu'avaient suscités soit l'éléatisme, soit la théorie des Idées de Platon.

L'étranger – Vous séparez la génération de l'être, et vous en parlez comme de choses distinctes, n'est-ce pas ?

Théétète – Oui.

L'étranger – Et c'est par le corps, au moyen de la sensation, que nous entrons en rapport avec la génération, mais par l'âme, au moyen de la pensée, que nous communiquons avec l'être véritable, lequel, dites-vous, est toujours identique à lui-même et immuable, tandis que la génération varie selon le temps.

Théétète – C'est en effet ce que nous disons.

L'étranger – Mais par cette communication, excellentes gens que vous êtes, que devons-nous croire que vous entendez dans les deux cas ? N'est-ce pas ce que nous disions tout à l'heure ?

Théétète – Quoi ?

L'étranger – La passion ou l'action résultant d'une puissance qui s'exerce par suite de la rencontre de deux objets. Peut-être que toi, Théétète, tu n'entends pas leur réponse à cette explication, mais il se peut que moi, je l'entende, parce que je suis familier avec eux.

Théétète – Quel langage tiennent-ils donc ?

L'étranger – Ils ne nous accordent pas ce que nous avons dit tout à l'heure aux fils de la terre au sujet de l'être.

Théétète – Qu'était-ce ?

L'étranger – Nous avons cru définir les êtres d'une manière satisfaisante par la présence du pouvoir de subir ou d'agir sur la chose même la plus insignifiante.

Théétète – Oui.

L'étranger – À cela voici ce qu'ils répondent : la génération participe bien de la puissance de pâtir et d'agir, mais pour l'être, ni l'une ni l'autre de ces puissances ne lui convient.

Théétète – N'y a-t-il pas quelque chose en ce qu'ils disent ?

L'étranger – Quelque chose à quoi il nous faut répliquer en disant que nous avons besoin d'apprendre d'eux plus clairement s'ils accordent aussi que l'âme connaît et que l'être est connu.

Théétète – Pour cela, ils l'accordent.

L'étranger – Eh bien, connaître ou être connu, est-ce, à votre avis, action ou passion, ou l'une et l'autre à la fois ? Ou bien l'un est-il passion, l'autre action ? Ou bien ni l'un ni l'autre n'ont-ils absolument aucun rapport ni avec l'un ni avec l'autre ?

Théétète – Évidemment ni l'un ni l'autre avec ni l'un ni l'autre, car ils seraient en contradiction avec ce qu'ils ont dit précédemment.

L'étranger – Je comprends ; mais il y a une chose qu'ils avoueront c'est que, si connaître, c'est agir, par contre, il s'ensuit nécessairement que ce qui est connu pâtit. Suivant ce raisonnement, l'être, étant connu par la connaissance, et dans la mesure où il est connu, sera mû dans cette mesure, puisqu'il est passif, et cela, disons-nous, ne peut arriver à ce qui est en repos.

Théétète – C'est juste.

L'étranger – Mais, au nom de Zeus, nous laisserons-nous si aisément persuader que le mouvement, la vie, l'âme, la pensée n'ont vraiment pas de place en l'être absolu, qu'il ne vit ni ne pense, et que, vénérable et sacré, dénué d'intelligence, il reste figé et sans mouvement ?

Théétète – Ce serait vraiment, étranger, une étrange concession que nous ferions là.

L'étranger – Mais admettrons-nous qu'il a l'intelligence sans avoir la vie ?

Théétète – Et comment l'admettre ?

L'étranger – Eh bien, dirons-nous qu'il a en lui ces deux attributs, en déclarant que ce n'est pas dans l'âme qu'il les possède ?

Théétète – Et de quelle autre façon les posséderait-il ?

L'étranger – Il aurait donc l'intelligence, la vie et l'âme, et cependant, tout animé qu'il est, il resterait absolument figé et immobile ?

Théétète – Tout cela me paraît absurde.

L'étranger – Il faut donc admettre que ce qui est mû et le mouvement sont des êtres.

Théétète – Comment faire autrement ?

L'étranger – Il suit donc de là, Théétète, que, si les êtres sont immobiles, il n'y a d'intelligence nulle part, en aucun sujet, ni touchant aucun objet.

Théétète – Assurément.

L'étranger – D'un autre côté, si nous accordons que tout se déplace et se meut, c'est encore une doctrine qui exclut l'intelligence du nombre des êtres.

Théétète – Comment ?

L'étranger – Te semble-t-il que ce qui est identique à soi-même et dans le même état relativement au même objet eût jamais existé sans la stabilité ?

Théétète – Aucunement.

L'étranger – Et quand ces conditions manquent, vois-tu que l'intelligence existe ou ait jamais existé quelque part[28] ?

Théétète – Pas du tout.

L'étranger – Or il faut combattre avec toutes les forces du raisonnement contre celui qui, abolissant la science, la pensée, l'intelligence, exprime une affirmation quelconque sur quelque chose.

Théétète – Très certainement.

L'étranger – Pour le philosophe donc, qui met ces biens au-dessus de tout, c'est, ce me semble, une absolue nécessité de rejeter la doctrine de

---

[28] - Cf. Cratyle, 440 a-b : « On ne peut même pas dire, Cratyle, qu'il y ait connaissance, si tout change et si rien ne demeure fixe ; car si cette chose même que nous appelons connaissance ne cesse pas d'être connaissance, alors la connaissance peut subsister toujours, et il y a connaissance. Mais si la forme même de la connaissance vient à changer, elle se change en une autre forme que la connaissance, et du coup il n'y a plus de connaissance, et si elle change toujours, il n'y aura jamais connaissance, et, pour la même raison, il n'y aura ni sujet qui connaisse ni objet à connaître. »

l'immobilité universelle que professent les champions soit de l'un, soit des formes multiples, comme aussi de faire la sourde oreille à ceux qui meuvent l'être en tout sens. Il faut qu'il imite les enfants qui désirent les deux à la fois([29]), qu'il reconnaisse tout ce qui est immobile et tout ce qui se meut, l'être et le tout en même temps.

Théétète – C'est la vérité même.

L'étranger – Quoi donc ! Ne semble-t-il pas à présent que nous ayons assez bien saisi l'être dans notre définition ?

Théétète – C'est incontestable.

L'étranger – Hélas ! Théétète, je crois, moi, que nous allons connaître maintenant combien l'examen de l'être offre de difficulté.

Théétète – Comment encore, et qu'entends-tu par là ?

L'étranger – Bienheureux jeune homme, ne vois-tu pas que nous sommes à présent dans l'ignorance la plus profonde au sujet de l'être, tout en croyant que nous en parlons sensément ?

---

[29] - Schleiermacher pensait à un jeu d'enfants. Il s'agit peut-être tout simplement d'une réponse d'enfant, qui, prié de choisir entre deux choses, demande qu'on lui donne les deux.

Théétète – Moi, je le croyais encore, et je ne vois pas bien en quoi nous nous sommes ainsi abusés.

L'étranger – Cherche donc à voir plus clairement si, à propos de nos dernières conclusions, on n'aurait pas le droit de nous poser les mêmes questions que nous avons posées nous-mêmes à ceux qui disent que le tout consiste dans le chaud et le froid.

Théétète – Quelles questions ? Rappelle-les-moi.

L'étranger – Volontiers, et j'essaierai de le faire en te questionnant comme je les ai questionnés, afin que du même coup nous progressions quelque peu.

Théétète – Bien.

L'étranger – Voyons donc : le mouvement et le repos ne sont-ils pas, à ton avis, directement opposés l'un à l'autre ?

Théétète – Sans contredit.

L'étranger – Et pourtant tu affirmes que tous les deux et chacun d'eux existent également ?

Théétète – Oui, je l'affirme.

L'étranger – Et quand tu leur accordes l'être, tu entends que tous les deux et chacun d'eux se meuvent ?

Théétète – Pas du tout.

L'étranger – Alors entends-tu qu'ils sont en repos, en disant qu'ils existent tous les deux ?

Théétète – Impossible.

L'étranger – Tu poses donc l'être dans l'âme comme une troisième chose ajoutée aux deux autres, pensant que le repos et le mouvement sont compris en lui. Tu les embrasses ensemble et, considérant leur communauté avec l'être, c'est ainsi que tu en es venu à dire qu'ils existent tous les deux ?

Théétète – Il semble véritablement que nous distinguions l'être comme une troisième chose, quand nous disons que le mouvement et le repos existent.

L'étranger – L'être n'est donc pas le mouvement et le repos pris ensemble, mais quelque chose d'autre qu'eux.

Théétète – Il semble.

L'étranger – Donc, par sa nature propre, l'être n'est ni en repos ni en mouvement.

Théétète – Probablement.

L'étranger – De quel côté faut-il donc tourner sa pensée, si l'on veut se faire une idée claire et solide de l'être ?

Théétète – De quel côté en effet ?

L'étranger – J'imagine qu'il n'est pas facile à trouver désormais ; car, si une chose n'est pas en mouvement, comment peut-elle n'être pas en repos, et, si elle n'est pas du tout en repos, comment peut-elle n'être pas en mouvement ? Or l'être vient de nous apparaître en dehors de cette alternative. Est-ce donc possible, cela ?

Théétète – C'est la chose du monde la plus impossible.

L'étranger – Maintenant il y a une chose qu'il est juste de rappeler à ce sujet.

Théétète – Quelle chose ?

L'étranger – C'est que, quand on nous a demandé à quoi il fallait appliquer le mot de non-être, nous avons été en proie au plus grand embarras. Tu t'en souviens ?

Théétète – Naturellement.

L'étranger – Eh bien, à présent notre embarras est-il moindre à propos de l'être ?

Théétète – Pour moi, étranger, il m'apparaît, si je puis dire, plus grand encore.

L'étranger – Alors restons-en là sur ce point embarrassant. Mais puisque l'être et le non-être nous embarrassent également, nous pouvons dès lors espérer que tout ce qui fera paraître l'un dans un jour plus obscur ou plus clair, nous donnera la même lumière sur l'autre. Que si nous ne parvenons à voir ni l'un ni l'autre, nous n'en poursuivrons pas moins notre discussion du mieux qu'il nous sera possible en ne les séparant pas.

Théétète – Bien.

L'étranger – Expliquons maintenant comment il se fait que nous appelons une seule et même chose de plusieurs noms.

Théétète – Comment ? Cite un exemple.

L'étranger – Quand nous parlons d'un homme, nous lui donnons de multiples dénominations ; nous lui attribuons des couleurs, des formes, une taille, des vices et des vertus et, dans toutes ces attributions et dans mille autres, nous disons de lui non seulement qu'il est homme, mais qu'il est bon et qu'il a d'autres qualités sans nombre. Il en va de même avec tous les autres objets : nous posons chacun d'eux comme un, et nous en parlons comme d'une chose multiple, que nous désignons par une foule de noms.

Théétète – Tu dis vrai.

L'étranger – Par là, nous avons, j'imagine, préparé un régal pour les jeunes gens et pour les vieillards fraîchement instruits. Il est à la portée de tout le monde de répliquer aussitôt qu'il est impossible que plusieurs soient un et qu'un soit plusieurs, et, bien entendu, ils prennent plaisir à ne pas permettre qu'on dise qu'un homme est bon, mais seulement que le bon est bon et l'homme homme. J'imagine, Théétète, que tu rencontres souvent des gens qui ont pris au sérieux ces sortes d'arguties, parfois des hommes déjà âgés, pauvres d'esprit que ces misères émerveillent et qui se figurent qu'ils ont trouvé là le dernier mot de la sagesse.

Théétète – C'est bien cela.

L'étranger – Afin donc que notre argumentation atteigne tous ceux qui ont jamais parlé de l'être, de quelque façon que ce soit, qu'il soit entendu que ce que nous allons dire sous forme d'interrogations s'adresse à la fois à ces derniers et aux autres, avec lesquels nous avons discuté précédemment.

Théétète – Et qu'allons-nous dire ?

L'étranger – N'attribuerons-nous ni l'être au mouvement et au repos, ni aucun attribut à aucune chose et, regardant les choses comme incapables de se mélanger et de participer les unes des autres, les traiterons-nous comme telles dans nos discours ? ou bien les mettrons-nous toutes ensemble, dans la pensée qu'elles sont susceptibles de communiquer entre elles, ou tiendrons-nous que les unes en sont susceptibles et les autres non ? De ces trois partis, Théétète, lequel dirons-nous que nos gens préfèrent ?

Théétète – Quant à moi, je ne sais que répondre pour eux à ces questions.

L'étranger – Pourquoi ne les prends-tu pas une par une, en examinant les conséquences qui en résultent en chaque cas ?

Théétète – C'est une bonne idée.

L'étranger – Supposons donc, si tu veux, qu'ils déclarent en premier lieu que rien n'a aucun pouvoir de communiquer avec quoi que ce soit en aucune façon. N'est-il pas vrai qu'alors le mouvement et le repos ne participeront en aucune façon de l'être ?

Théétète – Ils n'en participeront pas, certainement.

L'étranger – Mais quoi ! l'un des deux sera-t-il, s'il ne participe pas de l'être ?

Théétète – Il ne sera pas.

L'étranger – L'immédiat effet de cette concession, c'est, semble-t-il, de tout renverser, et la thèse de ceux qui meuvent le tout, et celle de ceux qui l'immobilisent en tant qu'un, et celle de ceux qui disent que les êtres sont rangés dans des formes immuables et éternelles ; car tous ces philosophes attribuent l'être à l'univers, les uns disant qu'il se meut réellement, les autres qu'il est réellement en repos.

Théétète – Rien de plus exact.

L'étranger – En outre, tous ceux qui tour à tour unissent et séparent le tout, soit qu'ils amènent l'infinité à l'unité et qu'ils l'en fassent sortir, soit qu'ils décomposent l'univers en un nombre limité d'éléments avec lesquels ils le recomposent, peu importe d'ailleurs qu'ils supposent que ces changements ont lieu successivement ou qu'ils coexistent toujours, ces philosophes tiennent un langage qui n'a pas de sens, s'il n'y a pas de mélange possible.

Théétète – C'est juste.

L'étranger – Mais ceux-là sont les plus ridicules de tous qui poussent leur thèse jusqu'à ne pas permettre de donner à une chose qui participe de la qualité d'une autre, une dénomination autre que la sienne.

Théétète – Comment ?

L'étranger – C'est que, j'imagine, ils sont, à propos de tout, contraints d'employer les expressions *être, à part, des autres, en soi,* et mille autres. Comme ils ne peuvent les écarter et les mêlent forcément dans leurs discours, ils n'ont pas besoin que d'autres les réfutent ; ils logent chez eux, comme on dit, l'ennemi et le contradicteur, qui parle au-dedans d'eux et qu'ils portent partout avec eux, comme cet original d'Euryklès[30].

Théétète – Ta comparaison est tout à fait juste et vraie.

L'étranger –

---

[30] - Euryklès était un devin ventriloque, dont il est question dans les Guêpes d'Aristophane (1019-1020). Cf. Plutarque, Oeuvres morales, 414 e.

Mais qu'arrivera-t-il si nous laissons à toutes choses le pouvoir de communiquer les unes avec les autres ?

Théétète – Cette question-là, je suis capable, moi aussi, de la résoudre.

L'étranger – Voyons.

Théétète – Le mouvement lui-même s'arrêterait tout à fait et le repos, à son tour, se mouvrait, s'ils se réunissaient l'un à l'autre.

L'étranger – Or j'imagine qu'il est de toute nécessité impossible que le mouvement soit immobile et le repos en mouvement.

Théétète – Sans aucun doute.

L'étranger – Il ne reste donc plus que la troisième hypothèse.

Théétète – Oui.

L'étranger – Or l'une de ces trois hypothèses doit certainement être vraie : ou bien tout se mêle, ou bien rien, ou bien telle chose se prête, telle autre se refuse au mélange.

Théétète – Sans contredit.

L'étranger – Quant aux deux premières, nous les avons trouvées impossibles.

Théétète – Oui.

L'étranger – Quiconque voudra répondre juste adoptera donc la dernière des trois.

Théétète – Parfaitement.

L'étranger – Puisque telles choses se prêtent au mélange, et les autres non, elles se comportent donc à peu près comme les lettres ; car, parmi les lettres, les unes ne s'accordent pas entre elles, tandis que les autres le font.

Théétète – Sans contredit.

L'étranger – Mais les voyelles se distinguent des autres en ce qu'elles se glissent entre toutes pour leur servir de lien, si bien que, sans voyelle, il n'y a pas d'accord possible entre les autres lettres.

Théétète – C'est vrai.

L'étranger – Maintenant, le premier venu sait-il quelles lettres sont susceptibles de s'unir entre elles, ou faut-il un art à qui veut les accorder comme il faut ?

Théétète – Il lui faut un art.

L'étranger – Lequel ?

Théétète – L'art grammatical.

L'étranger – Eh bien, n'en est-il pas de même avec les sons aigus et graves ? Celui qui possède l'art de discerner ceux qui se combinent et ceux qui ne se combinent pas est musicien ; celui qui n'y entend rien est un profane.

Théétète – C'est vrai.

L'étranger – Et nous trouverons des différences du même genre entre la compétence et l'incompétence dans tout autre art.

Théétète – Naturellement.

L'étranger – Maintenant, puisque nous sommes tombés d'accord que les genres aussi se comportent de même entre eux en ce qui regarde le mélange, n'est-il pas indispensable d'avoir une science pour se guider à travers les discours, si l'on veut indiquer exactement quels genres s'accordent avec les autres et quels genres se repoussent, ensuite s'il y a certains genres qui pénètrent tous les autres et les lient entre eux, de telle sorte qu'ils peuvent se mêler, et enfin si, dans les divisions, il y en a d'autres qui, entre les ensembles, sont les causes de la division ?

Théétète – Il est certainement indispensable d'avoir une science, peut-être même la plus grande de toutes.

L'étranger – Comment donc, Théétète, allons-nous appeler cette science ? Est-ce que, par Zeus, nous serions tombés sans nous en douter sur la science des hommes libres, et nous serait-il arrivé, en cherchant le sophiste, de découvrir d'abord le philosophe ?

Théétète – Que veux-tu dire ?

L'étranger – Diviser par genres et ne pas prendre la même forme pour une autre, ou une autre pour la même, ne dirons-nous pas que c'est là le propre de la science dialectique[31] ?

Théétète – Si, nous le dirons.

L'étranger – Celui qui en est capable discerne nettement une forme unique déployée partout à travers beaucoup de formes dont chacune existe isolément, puis une multitude de formes différentes les unes des autres et enveloppées extérieurement par une forme unique, puis encore une forme unique, déployée à travers de nombreux

---

[31] - Sur la tâche du dialecticien, cf. Phèdre, 265 c-e, 266 b, 273 e et République, VII, 534 b.

touts et liée à une unité ; enfin beaucoup de formes entièrement isolées et séparées, et cela, c'est savoir discerner, genre par genre, comment les diverses espèces peuvent ou ne peuvent pas se combiner.

Théétète – Parfaitement.

L'étranger – Mais ce talent dialectique, tu ne l'accorderas, je pense, à nul autre qu'à celui qui philosophe en toute pureté et justice.

Théétète –

Comment pourrait-on l'accorder à un autre ?

L'étranger – Pour le philosophe, c'est dans quelque endroit semblable que nous le trouverons maintenant et plus tard, si nous le cherchons. Il est, lui aussi, difficile à voir en pleine clarté ; mais la difficulté n'est pas la même pour lui que pour le sophiste.

Théétète – Comment ?

L'étranger – Celui-ci se réfugie dans l'obscurité du non-être, avec lequel il se familiarise par un long séjour, et c'est l'obscurité du lieu qui le rend difficile à bien reconnaître. Est-ce vrai ?

Théétète – Il semble.

L'étranger – Quant au philosophe, qui s'attache dans tous ses raisonnements à l'idée de l'être, c'est à cause de la brillante lumière de cette région qu'il n'est pas, lui non plus, facile à voir ; car le vulgaire n'a pas les yeux de l'âme assez forts pour considérer avec persistance les choses divines.

Théétète – Cette explication n'est pas moins vraisemblable que l'autre.

L'étranger – Nous tâcherons de nous faire bientôt du philosophe une idée plus claire, si nous en avons encore envie[32]. Quant au sophiste, il est, je pense, évident que nous ne devons pas le lâcher avant de l'avoir considéré suffisamment.

Théétète – Voilà qui est bien dit.

L'étranger – Maintenant que nous sommes tombés d'accord que, parmi les genres, les uns consentent à communiquer entre eux, les autres non, que les uns communiquent avec quelques-uns, les autres avec beaucoup, et que d'autres, pénétrant partout, ne trouvent rien qui les empêche de communiquer

---

[32] - Sans douze cette envie a passé à Platon ; car il n'a pas donné suite à son projet. Peut-être a-t-il jugé que la définition du philosophe était superflue, après celles qu'il en a données dans d'autres ouvrages, entre autres dans la République, dans le Phédon, dans le Phèdre, dans le Théétète et ici.

avec tous, poursuivons dès lors notre argumentation de cette manière. Au lieu de prendre toutes les formes, dont le grand nombre pourrait nous embrouiller, choisissons-en quelques-unes de celles qui passent pour les plus importantes et voyons d'abord ce qu'est chacune d'elles, puis quel pouvoir elles ont de s'associer les unes aux autres. De cette façon, si nous n'arrivons pas à saisir en pleine clarté l'être et le non-être, nous pourrons du moins en donner une explication aussi satisfaisante que le permet cette méthode de recherche, et nous saurons si nous pouvons dire que le non-être est réellement inexistant et nous dégager sans dommage.

Théétète – C'est ce qu'il faut faire.

L'étranger – Or les plus importants parmi les genres sont ceux que nous venons de passer en revue : l'être lui-même, le repos et le mouvement.

Théétète – Oui, et de beaucoup.

L'étranger – Nous disons en outre que les deux derniers ne peuvent pas se mêler l'un à l'autre.

Théétète – Certainement.

L'étranger – Mais l'être peut se mêler à tous les deux, car ils sont, je pense, tous les deux.

Théétète – Sans contredit.

L'étranger – Cela fait donc trois.

Théétète – Assurément.

L'étranger – Donc chacun d'eux est autre que les deux autres, mais le même que lui-même.

Théétète – Oui.

L'étranger – Mais que voulons-nous dire par ces mots que nous venons de prononcer, le même et l'autre ? Sont-ce deux genres différents des trois premiers, quoique toujours mêlés nécessairement à eux ? et devons-nous conduire notre enquête comme s'ils étaient cinq, et non trois, ou bien le même et l'autre sont-ils des noms que nous donnons inconsciemment à quelqu'un de nos trois genres ?

Théétète – Il se pourrait.

L'étranger – Cependant ni le mouvement ni le repos ne sont l'autre ni le même.

Théétète – Comment cela ?

L'étranger – Quoi que nous attribuions en commun au mouvement et au repos, cela ne peut être ni l'un ni l'autre des deux.

Théétète – Pourquoi donc ?

L'étranger – Parce que le mouvement s'immobiliserait et que le repos serait mû. Car que l'un d'eux, n'importe lequel, vienne s'appliquer aux deux à la fois, il contraindra l'autre à changer sa nature en la nature contraire, puisqu'il participe de son contraire.

Théétète – Assurément.

L'étranger – Cependant ils participent tous deux du même et de l'autre.

Théétète – Oui.

L'étranger – Ne disons donc pas que le mouvement est le même ou l'autre ; et ne le disons pas non plus du repos.

Théétète – Gardons-nous-en, en effet.

L'étranger – Mais nous faudrait-il considérer l'être et le même comme ne faisant qu'un ?

Théétète – Peut-être.

L'étranger – Mais si l'être et le même ne signifient rien de différent, en disant que le mouvement et le repos sont tous les deux, nous dirons par là qu'ils sont le même, puisqu'ils sont.

Théétète – Mais cela est impossible.

L'étranger – Il est donc impossible que le même et l'être ne soient qu'un.

Théétète – Apparemment.

L'étranger – Faut-il donc admettre le même comme une quatrième forme ajoutée aux trois autres ?

Théétète – Certainement.

L'étranger – Et l'autre ? ne faut-il pas le compter comme une cinquième ? ou faut-il le regarder, lui et l'être, comme deux noms qui s'appliquent à un même genre ?

Théétète – Il le faudrait peut-être.

L'étranger – Mais tu accorderas, je pense, que, parmi les êtres, les uns sont conçus comme absolus, les autres comme relatifs à d'autres.

Théétète – Sans doute.

L'étranger – Et l'autre est toujours relatif à un autre, n'est-ce pas ?

Théétète – Oui.

L'étranger – Cela ne serait pas si l'être et l'autre n'étaient pas extrêmement différents. Car si l'autre participait des deux formes, comme l'être, il y aurait quelquefois dans la classe des autres un autre qui ne serait pas relatif à autre chose. Or, en fait, nous constatons indubitablement que tout ce qui est autre n'est ce qu'il est que par son rapport nécessaire à autre chose.

Théétète – Il en est bien ainsi.

L'étranger – Il faut donc compter la nature de l'autre comme cinquième parmi les formes que nous avons choisies.

Théétète – Oui.

L'étranger – Et nous dirons qu'elle a pénétré dans toutes les formes ; car chacune en particulier est autre que les autres, non point par sa propre nature, mais parce qu'elle participe de l'idée de l'autre.

Théétète – Incontestablement.

L'étranger – Voici donc ce qu'il nous faut dire de nos cinq formes, en les reprenant une par une.

Théétète – Quoi ?

L'étranger – Prenons d'abord le mouvement : il est absolument autre que le repos. N'est-ce pas ce qu'il en faut dire ?

Théétète – C'est cela.

L'étranger – Il n'est donc pas le repos.

Théétète – Pas du tout.

L'étranger – Mais il est, en raison de sa participation à l'être.

Théétète – Il est.

L'étranger – D'autre part, le mouvement est autre que le même.

Théétète – Soit.

L'étranger – Il n'est donc pas le même.

Théétète – Certainement non.

L'étranger – Cependant nous avons vu qu'il est le même, parce que tout participe du même.

Théétète – Certainement.

L'étranger – Le mouvement est donc le même et n'est pas le même : il faut en convenir sans s'émouvoir. C'est que, quand nous disons qu'il est le même et pas le même, ce n'est pas sous les mêmes rapports que nous le disons. Quand nous disons qu'il est le même, c'est parce qu'en lui-même il participe du même, et quand nous disons qu'il n'est pas le même, c'est, par contre, à cause de la communauté qu'il a avec l'autre, communauté qui, en le séparant du même, l'a fait devenir non même, mais autre, en sorte qu'il est juste de dire aussi qu'au rebours de tout à l'heure il n'est pas le même.

Théétète – Parfaitement.

L'étranger – Par conséquent, si le mouvement pouvait en quelque manière participer du repos, il ne serait pas du tout absurde de l'appeler stable.

Théétète – Ce serait parfaitement juste, si nous devons accorder que, parmi les genres, les uns consentent à se mêler, les autres non.

L'étranger – Eh bien, c'est à démontrer cela que nous étions arrivés, avant d'en venir ici, et nous avons prouvé que c'était conforme à leur nature.

Théétète – Parfaitement.

L'étranger – Reprenons donc : le mouvement est-il autre que l'autre, comme il est, nous l'avons vu, autre que le même et que le repos ?

Théétète – Nécessairement.

L'étranger – Alors il n'est pas autre en un sens et il est autre suivant notre raisonnement de tout à l'heure.

Théétète – C'est vrai.

L'étranger – Et maintenant, que s'ensuit-il ? Allons-nous dire qu'il n'est autre que les trois premiers et nier qu'il soit autre que le quatrième, après être tombés d'accord que les genres parmi lesquels nous avons fait notre choix et que nous nous sommes proposé d'examiner étaient au nombre de cinq ?

Théétète – Et le moyen ? Nous ne pouvons pas admettre un nombre moindre que celui que nous avons démontré tout à l'heure.

L'étranger – Nous affirmons donc sans crainte et nous maintenons énergiquement que le mouvement est autre que l'être ?

Théétète – Oui, sans la moindre crainte.

L'étranger – Ainsi donc il est clair que le mouvement est réellement non-être et qu'il est être, puisqu'il participe de l'être ?

Théétète – On ne peut plus clair.

L'étranger – Il s'ensuit donc nécessairement que le non-être est dans le mouvement et dans tous les genres ; car, dans tous, la nature de l'être, en rendant chacun autre que l'être, en fait un non-être, en sorte qu'à ce point de vue nous pouvons dire avec justesse qu'ils sont tous des non-êtres et, par contre, parce qu'ils participent de l'être, qu'ils sont et ont de l'être.

Théétète – Il se peut.

L'étranger – Ainsi chaque forme renferme beaucoup d'être et une quantité infinie de non-être.

Théétète – Il semble.

L'étranger – Il faut donc dire aussi que l'être lui-même est autre que le reste des genres.

Théétète – Nécessairement.

L'étranger – Nous voyons donc qu'autant sont les autres, autant de fois l'être n'est pas, car, n'étant pas eux, il est un en soi, et, à leur tour, les autres, infinis en nombre, ne sont pas.

Théétète – Ce n'est pas loin de la vérité.

L'étranger – Il n'y a donc pas en cela non plus de quoi s'émouvoir, puisque la nature des genres comporte une communauté mutuelle. Si quelqu'un refuse de nous accorder ce point, qu'il gagne à sa cause nos précédents arguments, avant d'essayer d'en infirmer les conclusions.

Théétète – Rien de plus juste que ta demande.

L'étranger – Voici encore un point à considérer.

Théétète – Lequel ?

L'étranger – Quand nous énonçons le non-être, nous n'énonçons point, ce me semble, quelque chose de contraire à l'être, mais seulement quelque chose d'autre.

Théétète – Comment cela ?

L'étranger – Par exemple, quand nous parlons de quelque chose qui n'est pas grand, te semble-t-il alors que nous désignons par cette expression le petit plutôt que l'égal ?

Théétète – Comment le pourrions-nous ?

L'étranger – Quand donc on prétendra que la négation signifie le contraire de la chose énoncée, nous ne l'admettrons pas ; nous admettrons seulement que c'est une chose différente qu'expriment le « non » et le « ne pas » placés devant les noms qui suivent, ou plutôt devant les choses désignées par les noms énoncés derrière la négation.

Théétète – Parfaitement.

L'étranger – Mais considérons un autre point, s'il te plaît.

Théétète – Lequel ?

L'étranger – La nature de l'autre te paraît-elle morcelée, comme la science ?

Théétète – Comment ?

L'étranger – La science, elle aussi, est une, n'est-ce pas ? mais chaque partie séparée d'elle qui s'applique à un sujet déterminé revêt un nom qui lui est propre. De là, la diversité de ce qu'on appelle les arts et les sciences.

Théétète – Parfaitement.

L'étranger – Or il en est de même des parties de la nature de l'autre, bien qu'elle soit une.

Théétète – Il se peut, mais expliquerons-nous comment ?

L'étranger – Y a-t-il une partie de l'être qui s'oppose au beau ?

Théétète – Oui.

L'étranger – Faut-il dire qu'elle est anonyme ou qu'elle a un nom ?

Théétète – Elle en a un ; car toutes les fois que nous employons l'expression « non-beau », c'est exclusivement une chose différente de la nature du beau.

L'étranger – Allons, réponds maintenant à ma question.

Théétète – Laquelle ?

L'étranger – Le non-beau n'est-il pas un être détaché d'un genre déterminé, puis opposé à un autre être ?

Théétète – C'est cela.

L'étranger – Le non-beau se ramène donc, semble-t-il, à l'opposition d'un être à un être.

Théétète – C'est parfaitement juste.

L'étranger – Mais quoi ! à ce compte, devons-nous croire que le beau a plus de part à l'être et que le non-beau en a moins ?

Théétète – Pas du tout.

L'étranger – Il faut donc dire que le non-grand existe au même titre que le grand lui-même.

Théétète – Oui, au même titre.

L'étranger – Il faut donc aussi mettre le non-juste sur le même pied que le juste, pour que l'un ne soit pas plus être que l'autre.

Théétète – Assurément.

L'étranger – Nous en dirons autant de tout le reste, puisque la nature de l'autre, nous l'avons vu, compte parmi les êtres, et que, si elle est, il faut nécessairement considérer ses parties comme étant au même titre que quoi que ce soit.

Théétète – Évidemment.

L'étranger – Ainsi, à ce qu'il semble, l'opposition de la nature d'une partie de l'autre et de la nature de l'être, quand ils sont opposés l'un à l'autre, n'a pas, s'il est permis de le dire, moins d'existence que l'être lui-même ; car ce n'est pas le contraire de l'être qu'elle exprime, c'est seulement autre chose que lui.

Théétète – C'est clair comme le jour.

L'étranger – Alors, quel nom lui donnerons-nous ?

Théétète – Évidemment celui de non-être, ce non-être que nous cherchions justement à cause du sophiste.

L'étranger – Alors n'est-il, comme tu l'as dit, inférieur en être à aucune autre chose, et faut-il dès lors affirmer hardiment que le non-être a une existence solide et une nature qui lui est propre, et, comme nous avons dit que le grand est grand et le beau beau, et que le non-grand est non grand et le non-beau non beau, ne dirons-nous pas de même que le non-être était et est non-être au même titre, et qu'il compte pour un genre dans la multitude des genres ? Ou bien aurions-nous encore, Théétète, quelque doute là-dessus ?

Théétète – Aucun.

L'étranger – Te rends-tu compte à présent que nous avons enfreint la défense de Parménide et que nous nous sommes portés au-delà des limites qu'il nous avait prescrites ?

Théétète – Comment cela ?

L'étranger – Nous avons exploré un terrain qu'il nous avait interdit, et, en poussant de l'avant nos recherches, nous lui avons montré son erreur.

Théétète – Comment ?

L'étranger – C'est qu'il nous dit quelque part :

Non, jamais tu ne pourras forcer des non-êtres à être.

Écarte ta pensée de cette route de recherche.

Théétète – C'est en effet ce qu'il dit.

L'étranger – Or nous, nous n'avons pas seulement démontré que les non-êtres sont, mais nous avons aussi fait voir en quoi consiste la forme du non-être. Nous avons en effet prouvé que la nature de l'autre existe et qu'elle se morcelle en tous les êtres dans leurs relations mutuelles, et nous avons osé affirmer de chaque portion de l'autre qui s'oppose à l'être que c'est justement cela qu'est réellement le non-être.

Théétète – Et ce que nous avons dit est la vérité même, j'en suis persuadé.

L'étranger – Qu'on ne vienne donc pas dire que c'est parce que nous dénonçons le non-être comme le contraire de l'être que nous osons affirmer qu'il existe. Pour nous, en ce qui regarde je ne sais quel contraire de l'être, il y a beau temps qu'il ne nous chaut plus de savoir s'il existe ou s'il n'existe pas, s'il peut être défini ou s'il répugne à toute définition. Quant à la définition que nous avons donnée tout à l'heure du non-être, ou bien qu'on nous convainque en nous réfutant que nous sommes dans l'erreur, ou bien, tant qu'on ne pourra le faire, qu'on dise, comme nous disons nous-mêmes, que les genres se mêlent les uns aux autres, que l'être et l'autre pénètrent dans tous et se pénètrent eux-mêmes mutuellement, que l'autre, participant de l'être, existe en vertu de cette participation, sans être ce dont il participe, mais en restant autre, et, parce qu'il est autre que l'être, il est clair comme le jour qu'il est nécessairement non-être. À son tour, l'être, participant de l'autre, est autre que le reste des genres, et, comme il est autre qu'eux tous, il n'est ni chacun d'eux ni la totalité des autres, mais seulement lui-même, en sorte que l'on ne saurait contester qu'il y a des milliers et des milliers de choses que l'être n'est pas et que les autres, soit chacune en particulier, soit toutes ensemble, sont sous de multiples rapports, et, sous de multiples rapports, ne sont point.

Théétète – C'est vrai.

L'étranger – Que si l'on n'a pas foi à ces oppositions, qu'on étudie la question et qu'on propose une explication meilleure que celle que nous venons de donner. Que si, au contraire, on se figure avoir fait une invention difficile, en tirant à plaisir les arguments dans tous les sens, c'est prendre au sérieux des choses qui n'en valent guère la peine : nos arguments présents l'affirment. Cela n'est en effet ni ingénieux ni difficile à trouver ; mais voici ce qui est à la fois difficile et beau.

Théétète – Quoi ?

L'étranger – Ce que j'ai déjà dit : laisser là ces arguties comme inutiles, et se montrer capable de suivre et de critiquer pied à pied les assertions de celui qui prétend qu'une chose autre est la même sous quelque rapport et que la même est autre, et de le faire suivant la manière et le point de vue de cet homme, quand il explique la nature de l'un ou de l'autre. Quant à montrer n'importe comment que le même est autre et l'autre le même, que le grand est petit et le semblable dissemblable, et prendre plaisir à mettre toujours en avant ces oppositions dans ses raisonnements, cela n'est pas de la vraie critique, c'est l'ouvrage d'un novice qui vient seulement de prendre contact avec les réalités.

Théétète – Exactement.

L'étranger – Et en effet, mon bon ami, entreprendre de séparer tout de tout n'est pas seulement manquer de mesure, c'est encore faire preuve d'une ignorance totale des Muses et de la philosophie.

Théétète – Pourquoi donc ?

L'étranger – Il n'y a pas de moyen plus radical d'abolir toute espèce de discours que d'isoler chaque chose de tout le reste ; car c'est par l'entrelacement réciproque des formes que le discours nous est né.

Théétète – C'est vrai.

L'étranger – Vois donc combien il était opportun de mener bataille, comme nous venons de le faire, contre ces gens-là et de les forcer à permettre que les choses se mêlent les unes aux autres.

Théétète – En vue de quoi, opportun ?

L'étranger – Pour assurer la position du discours parmi nos classes d'êtres. Si nous en étions privés, nous serions privés de la philosophie, conséquence de la plus sérieuse importance. Mais de plus, à cet instant même, nous avons besoin de nous mettre d'accord sur la nature du discours. Si on nous l'ôtait, en lui déniant toute existence, nous ne pourrions plus rien dire, et il nous serait ôté, si nous accordions qu'il n'y a aucun mélange de quoi que ce soit à quoi que ce soit.

Théétète – Bon pour ceci. Mais je ne saisis pas pourquoi il faut en ce moment nous entendre sur le discours.

L'étranger – Le mieux, pour que tu le saisisses, est peut-être que tu me suives par ici.

Théétète – Par où ?

L'étranger – Il nous est apparu que le non-être était un genre déterminé parmi les autres et qu'il est distribué en tous les êtres.

Théétète – C'est exact.

L'étranger – Il faut dès lors examiner s'il se mêle à l'opinion et au discours.

Théétète – Pourquoi donc ?

L'étranger – S'il ne s'y mêle pas, il s'ensuit nécessairement que tout est vrai. Qu'il s'y mêle, l'opinion fausse devient possible, et le discours aussi. Juger ou dire ce qui n'est pas, voilà, je pense, ce qui constitue la fausseté, dans la pensée et dans les discours.

Théétète – C'est vrai.

L'étranger – Or si la fausseté existe, la tromperie aussi.

Théétète – Oui.

L'étranger – Et s'il y a tromperie, tout se remplit inévitablement de simulacres, d'images et d'illusion.

Théétète – Naturellement.

L'étranger – Or nous avons dit que le sophiste s'était réfugié dans cet endroit, mais qu'il avait absolument nié l'existence même de la fausseté, parce que le non-être ne peut ni se concevoir ni s'exprimer ; car le non-être n'a d'aucune façon aucune part à l'être.

Théétète – C'est exact.

L'étranger – Mais à présent il nous est apparu qu'il participait de l'être, en sorte que peut-être le sophiste ne combattrait plus sur ce terrain. Mais peut-être objecterait-il que parmi les formes, les unes participent du non-être, mais les autres non, et que précisément le discours et l'opinion sont de celles qui n'en participent pas, et alors il soutiendrait que l'art de faire des images et des simulacres, où nous prétendons le confiner, n'a pas du tout d'existence, puisque l'opinion et le discours n'ont point de communauté avec le non-être ; car il n'y a absolument rien de faux, si cette communauté n'existe pas. Voilà donc pour quelles raisons il faut nous enquérir d'abord de ce que peuvent bien être le discours, l'opinion et l'imagination, afin que, les connaissant, nous puissions découvrir leur communauté avec le non-être, et, celle-ci découverte, démontrer que le faux existe, puis, le faux une fois démontré, y emprisonner le sophiste, si l'on peut retenir cette charge contre lui ; sinon, nous le laisserons aller pour le chercher dans un autre genre.

Théétète – Il semble bien, étranger, que ce que nous avons dit du sophiste au début est pleinement justifié : c'est vraiment une espèce de gibier difficile à chasser. Évidemment il est très fertile en problèmes[33]. Sitôt qu'il en met un en avant, c'est un rempart qu'il faut franchir en combattant, avant d'arriver jusqu'à lui. Maintenant à peine sommes-nous venus à bout de celui qu'il nous a opposé en niant le non-être, qu'il nous en a opposé un autre, et il faut que nous démontrions l'existence du faux dans le discours et dans l'opinion ; après quoi il en élèvera peut-être un autre encore après celui-là, et nous n'en verrons sans doute jamais la fin.

L'étranger – Il faut prendre courage, Théétète, quand on peut toujours avancer, si peu que ce soit. Si l'on se décourageait en ce cas, que ferait-on dans d'autres conjonctures où l'on n'avancerait pas du tout, où l'on serait même repoussé en arrière ? Il faudrait, dit le proverbe, bien du temps à un tel

---

33 - L'étranger joue sur le double sens du mot : πρόδλημα, défense ou rempart que l'on élève devant soi, et difficulté à résoudre, problème.

homme pour prendre une ville. Mais maintenant, mon bon, que nous sommes venus à bout de la difficulté dont tu parles, nous pouvons dire que le rempart le plus fort est pris et que le reste sera désormais plus facile et moins important.

Théétète – C'est bien dit.

L'étranger – Prenons donc d'abord, comme nous venons de le dire, le discours et l'opinion, afin de nous rendre compte plus nettement si le non-être s'y attache, ou bien s'ils sont absolument vrais l'un et l'autre, et jamais faux ni l'un ni l'autre.

Théétète – C'est juste.

L'étranger – Allons maintenant : comme nous avons parlé des formes et des lettres, examinons les noms à leur tour de la même façon. C'est par là que j'entrevois la solution que nous cherchons à présent.

Théétète – Qu'as-tu donc à me faire entendre à propos des noms ?

L'étranger – Si tous s'accordent, ou aucun, ou si les uns se prêtent et les autres se refusent à cet accord.

Théétète – Cette dernière hypothèse est évidente : les uns s'y prêtent, les autres non.

L'étranger – Voici peut-être ce que tu entends par là : ceux qui, prononcés à la suite les uns des autres, signifient quelque chose, s'accordent entre eux ; les autres, qui s'enchaînent sans former de sens, ne s'accordent pas.

Théétète – Comment ? Qu'entends-tu par là ?

L'étranger – Ce que je supposais que tu avais dans l'esprit, quand tu m'as donné ton assentiment. Nous avons, en effet, deux espèces de signes pour exprimer l'être par la voix.

Théétète – Comment cela ?

L'étranger – Ceux qu'on a appelés les noms et les verbes.

Théétète – Définis les uns et les autres.

L'étranger – Le signe qui s'applique aux actions, nous l'appelons verbe.

Théétète – Oui.

L'étranger – Et le signe vocal qui s'applique à ceux qui les font s'appelle nom.

Théétète – Parfaitement.

L'étranger – Or des noms seuls énoncés de suite ne forment jamais un discours, non plus que des verbes énoncés sans nom.

Théétète – C'est ce que je ne savais pas.

L'étranger – C'est qu'évidemment tu avais autre chose en vue tout à l'heure en me donnant ton assentiment ; car c'est cela même que je voulais dire, que ces noms et ces verbes ne font pas un discours, s'ils sont énoncés à la file de cette manière.

Théétète – De quelle manière ?

L'étranger – Par exemple, *marche, court, dort,* et tous les autres verbes qui marquent des actions, fussent-ils prononcés tous à la file, ne forment pas davantage un discours.

Théétète – Cela va de soi.

L'étranger – Et que l'on dise de même : *lion, cerf, cheval* et tous les noms qu'on a donnés à ceux qui font les actions, cette succession de mots non plus n'a jamais composé un discours ; car ni dans un cas, ni dans l'autre, les mots prononcés n'indiquent ni action, ni inaction, ni existence d'un être ou d'un non-être, tant qu'on n'a pas mêlé les verbes aux noms. Alors seulement l'accord se fait et le discours naît aussitôt de la première combinaison, qu'on peut appeler le premier et le plus petit des discours.

Théétète – Qu'entends-tu donc par là ?

L'étranger – Quand on dit : l'homme apprend, ne reconnais-tu pas que c'est là le discours le plus court et le premier ?

Théétète – Si.

L'étranger – C'est que, dès ce moment, il donne quelque indication sur ce qui est, devient, est devenu ou doit être et qu'il ne se borne pas à le nommer, mais fait voir qu'une chose s'accomplit, en entrelaçant les verbes avec les noms. C'est pour cela que nous avons dit, de celui qui s'énonce ainsi, qu'il discourt et non point seulement qu'il nomme, et c'est cet entrelacement que nous avons désigné du nom de discours.

Théétète – C'est juste.

L'étranger – Ainsi donc, de même qu'entre les choses, les unes s'accordaient mutuellement, les autres non, de même parmi les signes vocaux, il en est qui ne s'accordent pas ; mais ceux d'entre eux qui s'accordent ont créé le discours.

Théétète – Parfaitement.

L'étranger – Encore une petite remarque.

Théétète – Laquelle ?

L'étranger – Le discours, dès qu'il est, est forcément un discours sur quelque chose ; qu'il le soit sur rien, c'est impossible.

Théétète – C'est juste.

L'étranger – Ne faut-il pas aussi qu'il soit d'une certaine nature ?

Théétète – Sans doute.

L'étranger – Prenons-nous maintenant nous-mêmes pour sujet d'observation.

Théétète – C'est ce qu'il faut faire en effet.

L'étranger – Je vais donc te faire un discours en unissant un sujet à une action au moyen d'un nom et d'un verbe ; sur quoi portera ce discours, c'est à toi de me le dire.

Théétète – Je le ferai comme je pourrai.

L'étranger – *(Théétète est assis).* Il n'est pas long, n'est-ce pas ?

Théétète – Non, il est assez court.

L'étranger – À toi donc de dire de quoi il parle et à quoi il se rapporte.

Théétète – Évidemment il parle de moi et se rapporte à moi.

L'étranger – Et celui-ci ?

Théétète – Lequel ?

L'étranger – *Théétète, avec qui je m'entretiens en ce moment, vole en l'air.*

Théétète – De celui-ci non plus, on n'en peut dire qu'une chose : c'est que j'en suis le sujet et que c'est de moi qu'il parle.

L'étranger – Mais chacun de ces discours, disons-nous, doit être nécessairement d'une certaine nature.

Théétète – Oui.

L'étranger – Quelle est donc celle qu'il faut attribuer à chacun d'eux ?

Théétète – C'est que l'un est faux, l'autre vrai.

L'étranger – Or celui des deux qui est vrai dit de toi des choses qui sont comme elles sont.

Théétète – Sans doute.

L'étranger – Et le faux des choses autres que celles qui sont.

Théétète – Oui.

L'étranger – Il dit donc des choses qui ne sont pas comme étant ?

Théétète – C'est assez cela.

L'étranger – Les choses qu'il dit de toi existent, mais sont autres que celles qui sont, car il y a, nous l'avons dit, beaucoup d'êtres qui se rapportent à chaque chose, et beaucoup de non-êtres.

Théétète – Certainement.

L'étranger – Quant au second discours que j'ai tenu sur toi, il est d'abord de toute nécessité, d'après la définition du discours que nous avons établie, qu'il soit un des plus brefs.

Théétète – C'est en tout cas ce dont nous sommes convenus tout à l'heure.

L'étranger – Ensuite qu'il parle de quelqu'un.

Théétète – Oui.

L'étranger – Et si ce n'est pas de toi, ce n'est assurément de personne autre.

Théétète – Assurément.

L'étranger – Si ce n'était de personne, il ne serait même pas du tout discours ; car nous avons démontré qu'il était impossible qu'un discours qui est ne discoure de rien.

Théétète – C'est très juste.

L'étranger – Ainsi quand on dit de toi des choses autres comme étant les mêmes, et des choses qui ne sont pas comme étant, cet assemblage formé de noms et de verbes a tout à fait l'air d'être réellement et véritablement un faux discours.

Théétète – Rien n'est plus vrai, assurément.

L'étranger – Mais quoi ! la pensée, l'opinion, l'imagination, n'est-il pas dès maintenant évident que tous ces genres naissent dans nos âmes tantôt vrais, tantôt faux ?

Théétète – Comment ?

L'étranger – Tu le comprendras plus facilement quand tu auras vu d'abord en quoi ils consistent et par où ils diffèrent les uns des autres.

Théétète – Tu n'as qu'à t'expliquer.

L'étranger – Eh bien, pensée et discours ne sont qu'une même chose, sauf que le discours intérieur que l'âme tient en silence avec elle-même, a reçu le nom spécial de pensé[34].

Théétète – Parfaitement.

L'étranger – Mais le courant qui sort d'elle par la bouche en forme de son a reçu le nom de discours.

Théétète – C'est vrai.

L'étranger – Nous savons en outre qu'il y a dans les discours ceci.

Théétète – Quoi ?

L'étranger – L'affirmation et la négation.

Théétète – Nous le savons.

L'étranger – Et quand cela se passe dans l'âme, en pensée, silencieusement, as-tu, pour le désigner, d'autre nom que celui d'opinion ?

Théétète – Quel autre pourrais-je lui donner ?

---

[34] - Platon a déjà dit la même chose dans le Théétète, 189 e-190 a : « Penser », c'est un discours que l'âme se fait à elle-même sur les objets qu'elle considère... Il me paraît que l'âme, quand elle pense, ne fait autre chose que s'entretenir avec elle-même, interrogeant et répondant, affirmant et niant ; et que, quand elle s'est décidée, que cette décision se fasse plus ou moins promptement, quand elle a prononcé sur un objet, sans demeurer davantage en suspens, c'est en cela que consiste le jugement. Ainsi juger, selon moi, c'est parler, et l'opinion est un discours prononcé, non à un autre, ni de vive voix, mais en silence à soi-même. »

L'étranger – Et quand l'opinion se produit chez quelqu'un, non pas spontanément, mais par l'intermédiaire de la sensation, peut-on, pour désigner correctement cet état d'esprit, trouver un autre nom que celui d'imagination ?

Théétète – Aucun autre.

L'étranger – Donc, puisqu'il y a, nous l'avons vu, discours vrai et discours faux, et que, dans le discours, nous avons trouvé que la pensée était un dialogue de l'âme avec elle-même, l'opinion, l'achèvement de la pensée, et ce que nous voulons dire par « je m'imagine » un mélange de sensation et d'opinion, il est inévitable qu'étant parentes du discours, elles soient, quelques-unes et quelquefois, fausses.

Théétète – Certainement.

L'étranger – Te rends-tu compte maintenant que nous avons découvert la fausse opinion et le faux discours plus vite que nous ne nous y attendions, quand nous appréhendions, il n'y a qu'un instant, de perdre notre peine en entreprenant cette recherche ?

Théétète – Je m'en rends compte.

L'étranger – Ayons donc bon courage aussi pour ce qui nous reste à faire, et maintenant que ces matières sont éclaircies, rappelons-nous nos précédentes divisions par formes.

Théétète – Quelles divisions ?

L'étranger – Nous avons divisé l'art de faire des images en deux formes, celle qui copie et celle qui produit des simulacres.

Théétète – Oui.

L'étranger – Et nous étions embarrassés, disions-nous, de savoir dans laquelle placer le sophiste.

Théétète – C'est bien cela.

L'étranger – Et tandis que cette question nous tenait perplexes, nous avons été envahis par un vertige encore plus grand à l'apparition de l'argument qui soutient envers et contre tous qu'il n'existe absolument ni copie, ni image, ni simulacre d'aucun genre, puisqu'il n'y a jamais nulle part aucune espèce de fausseté.

Théétète – Tu dis vrai.

L'étranger – Mais maintenant que nous avons mis en lumière l'existence et du discours faux et de l'opinion fausse, il est possible qu'il y ait des imitations des êtres et que, de la disposition à les produire, il naisse un art de tromperie.

Théétète – C'est possible.

L'étranger – En outre, nous sommes précédemment tombés d'accord que le sophiste rentrait dans l'une des formes susdites.

Théétète – Oui.

L'étranger – Essayons donc de nouveau, en divisant en deux le genre proposé, d'avancer en suivant toujours la partie droite de la section, nous attachant à ce qu'elle a de commun avec le sophiste, jusqu'à ce que l'ayant dépouillé de toutes ses propriétés communes, nous ne lui laissions que sa nature propre pour la mettre en lumière devant nous-mêmes d'abord, ensuite devant ceux dont le genre d'esprit est le plus congénial à notre méthode.

Théétète – C'est juste.

L'étranger – Or n'avions-nous pas commencé par distinguer l'art de produire et l'art d'acquérir ?

Théétète – Si.

L'étranger – Et dans l'art d'acquérir, la chasse, la lutte, le négoce et certaines formes analogues nous laissaient entrevoir le sophiste ?

Théétète – Parfaitement.

L'étranger – Mais maintenant qu'il est enclos dans l'art de l'imitation, il est évident que c'est l'art même de produire qu'il faut d'abord diviser en deux. Car l'imitation est une espèce de production, quoiqu'elle ne produise, il faut l'avouer, que des images, et non des réalités véritables. N'est-ce pas vrai ?

Théétète – Tout à fait vrai.

L'étranger – Commençons par diviser en deux parties l'art de produire.

Théétète – Lesquelles ?

L'étranger – L'une divine, l'autre humaine.

Théétète – Je ne saisis pas encore.

L'étranger – Nous avons appelé productrice, s'il nous souvient de ce que nous avons dit en commençant, toute puissance qui est cause que ce qui n'était pas avant existe après.

Théétète – Nous nous en souvenons.

L'étranger – Or tous les animaux mortels, et toutes les plantes qui naissent sur la terre de semences et de racines, et tous les corps inanimés, fusibles ou non fusibles, qui se forment dans l'intérieur de la terre, devons-nous dire que ces choses qui n'existaient pas d'abord, c'est un autre qu'un dieu créateur qui leur a donné ensuite l'existence ? Ou adopterons-nous la croyance et le langage de la foule ?

Théétète – Quelle croyance ?

L'étranger – Que la nature les fait naître de quelque cause naturelle en dehors de toute pensée créatrice, ou suivant la raison et par une science divine qui vient de Dieu ?

Théétète – Pour moi, sans doute à cause de mon âge, je passe souvent d'une opinion à l'autre ; mais aujourd'hui, en te regardant, je soupçonne que ta conviction à toi, c'est que ces choses sont issues d'une pensée divine, et je le crois comme toi.

L'étranger – C'est bien, Théétète. Si je croyais que tu doives par la suite être de ceux qui pensent autrement, j'essayerais en ce moment de te gagner à mon opinion par le raisonnement et par la force de la persuasion. Mais je vois que ton naturel se porte de lui-même, sans que j'aie besoin d'argumenter, vers ces croyances où tu te sens attiré, dis-tu ; aussi je passe outre, car ce serait perdre le temps. Je poserai seulement que les choses qu'on rapporte à la nature sont les produits d'un art divin et que celles que les hommes composent au moyen d'elles sont les produits d'un art humain, et qu'en conséquence il y a deux genres de production : l'un humain, l'autre divin.

Théétète – C'est juste.

L'étranger – Maintenant partage encore en deux chacun de ces deux genres.

Théétète – Comment ?

L'étranger – Comme tu viens de couper la production entière dans le sens de la largeur, coupe-la à présent dans le sens de la longueur.

Théétète – Soit : c'est fait.

L'étranger – Nous obtenons ainsi quatre parties en tout : deux qui se rapportent à nous et sont humaines, et deux qui se rapportent aux dieux et sont divines.

Théétète – Oui.

L'étranger – Si nous prenons la division dans le premier sens, nous aurons dans chacune des deux sections une partie productrice de réalités, et les deux parties qui restent ne sauraient, je crois, être mieux appelées que productrices d'images, et ainsi la production est de nouveau divisée en deux parties.

Théétète – Explique-moi cette nouvelle division.

L'étranger – Nous-mêmes et les autres animaux, et les éléments des choses naturelles, feu, eau et substances congénères, chacune de ces créatures est, nous le savons, la production et l'oeuvre de Dieu. N'est-il pas vrai ?

Théétète – Si.

L'étranger – Mais toutes sont accompagnées de simulacres, qui ne sont pas elles, et qui doivent aussi leur existence à un art divin.

Théétète – Quels simulacres ?

L'étranger – Ceux de nos rêves et toutes les visions qui naissent, dit-on, d'elles-mêmes, en plein jour : l'ombre qui se projette quand le feu est envahi par l'obscurité, et l'apparence que produisent deux lumières, l'une propre à l'oeil et l'autre étrangère, quand elles se rencontrent sur une surface brillante et polie et produisent une forme qui fait sur nos sens l'effet inverse de notre vue ordinaire(35).

Théétète – Voilà bien en effet les deux oeuvres de la production divine, la chose même et le simulacre qui accompagne chaque chose.

L'étranger – Et notre art à nous ? Ne dirons-nous pas que par l'art de l'architecte il fait la maison réelle et, par celui du peintre, une autre maison, qui est comme un songe de création humaine à l'usage des gens éveillés ?

---

35 - Cf. Timée, 46 a-c : « Quant à l'origine des images produites par les miroirs et par toutes les surfaces brillantes et polies, il n'est plus difficile de s'en rendre compte. C'est de la combinaison des deux feux, intérieur et extérieur, chaque fois que l'un d'eux rencontre la surface polie et subit plusieurs changements, que naissent nécessairement toutes ces images, parce que le feu de la face réfléchie se fond avec le feu de la vue sur la surface polie et brillante. Mais ce qui est à gauche apparaît à droite, parce qu'un contact a lieu entre les parties opposées du courant visuel et les parties opposées de l'objet, contrairement à ce qui se passe d'habitude dans la rencontre. Au contraire, la droite paraît à droite et la gauche à gauche, quand le rayon visuel change de côté, en se fondant avec la lumière avec laquelle il se fond, et cela arrive quand la surface polie des miroirs, se relevant de part et d'autre, renvoie la partie droite du rayon visuel vers la gauche et la gauche vers la droite. Si le miroir est tourné de façon que la courbure soit placée suivant la longueur du visage, il le fait paraître tout entier renversé, parce qu'alors il renvoie le rayon visuel du bas vers le haut et celui du haut vers le bas. »

Théétète – Certainement.

L'étranger – Il en est de même des autres oeuvres de notre activité productrice : elles sont doubles et vont par paires, la chose même, disons-nous, due à l'art qui fait des choses réelles, et l'image, due à l'art qui fait des images.

Théétète – À présent, je comprends mieux, et je pose, pour l'art qui produit, deux formes, dont chacune est double. Je mets la divine et l'humaine dans une section et dans l'autre la production des choses réelles et la création de certaines ressemblances.

L'étranger – Maintenant rappelons-nous que l'art de fabriquer des images devait comprendre deux genres, l'un qui copie, l'autre qui fait des simulacres, s'il était prouvé que le faux est réellement faux et s'il est de nature à avoir sa place parmi les êtres.

Théétète – Il le devait en effet.

L'étranger – Or la preuve est faite ; aussi tiendrons-nous la distinction de ces deux formes pour incontestable.

Théétète – Oui.

L'étranger – Maintenant coupons à son tour l'art des simulacres en deux.

Théétète – Comment ?

L'étranger – D'une part le simulacre se fait au moyen d'instruments ; de l'autre, la personne qui fait le simulacre se prend elle-même comme instrument.

Théétète – Comment dis-tu ?

L'étranger – Lorsqu'un homme, j'imagine, use de sa personne pour faire paraître son attitude semblable à la tienne et sa voix à ta voix, cette partie de l'art de simuler s'appelle généralement mimique, je crois.

Théétète – Oui.

L'étranger – Réservons donc cette partie sous le nom de mimique. Quant à l'autre, laissons-la tranquillement de côté, sans y toucher, et laissons à d'autres le soin de la ramener à l'unité et de lui assigner une dénomination qui lui convienne.

Théétète – Réservons l'une, laissons l'autre.

L'étranger – Mais cette première partie, Théétète, mérite aussi d'être considérée comme double. Pourquoi ? écoute.

Théétète – Parle.

L'étranger – Parmi ceux qui imitent, les uns le font en connaissant ce qu'ils imitent, d'autres, sans le connaître. Or quelle division pouvons-nous poser qui soit plus complète que celle de l'ignorance et de la connaissance ?

Théétète – Aucune.

L'étranger – Ainsi l'exemple que je viens de citer était une imitation faite par des gens qui savent ; car c'est parce qu'on connaît ta figure et ta personne qu'on peut l'imiter.

Théétète – Sans doute.

L'étranger – Mais que dire de la figure de la justice et de la vertu en général ? N'y a-t-il pas une foule de gens qui ne la connaissent pas, mais s'en forment une opinion quelconque, et mettent toutes leurs forces et leur zèle à faire paraître comme une qualité personnelle ce qu'ils prennent pour la vertu, l'imitant le plus qu'ils peuvent dans leurs actes et dans leurs paroles ?

Théétète – Certainement, et beaucoup.

L'étranger – Eh bien, est-ce que tous échouent à paraître justes sans l'être aucunement, ou est-ce tout le contraire ?

Théétète – C'est tout le contraire.

L'étranger – Il faut donc dire, je pense, que cet imitateur-ci diffère de l'autre, celui qui ne sait pas de celui qui sait.

Théétète – Oui.

L'étranger – Cela étant, où prendrons-nous un nom qui convienne à chacun d'eux ? Il est évidemment difficile à trouver, parce qu'à l'égard de la division des genres en espèces nos devanciers souffraient d'une vieille paresse inconsciente, au point qu'aucun d'eux n'essaya même de diviser. De là vient nécessairement que nous n'avons pas une grande abondance de noms. Cependant, dût notre expression paraître trop hardie, appelons, pour les distinguer l'une de l'autre, l'imitation basée sur l'opinion, doxomimétique, et celle qui se fonde sur la science, imitation savante.

Théétète – Soit.

L'étranger – Maintenant, c'est de la première qu'il nous faut faire usage ; car le sophiste, nous l'avons vu, n'est point de ceux qui savent, mais de ceux qui imitent.

Théétète – Assurément.

L'étranger – Examinons donc l'imitateur qui s'appuie sur l'opinion, comme nous ferions d'un morceau de fer, pour voir s'il est sain ou s'il n'a pas encore en lui quelque paille.

Théétète – Examinons.

L'étranger – Eh bien, il en a une, une béante même. Car, parmi ces imitateurs, il y a le naïf, qui croit savoir ce dont il n'a qu'une opinion, et l'autre, qui a l'habitude de se vautrer dans les arguments, et qui, par suite, fait, par son attitude, violemment soupçonner et craindre qu'il n'ignore les choses qu'il se donne l'air de connaître devant le public.

Théétète – Ces genres dont tu parles existent certainement tous les deux.

L'étranger – Alors nous appellerons l'un simple imitateur, et l'autre, imitateur ironique.

Théétète – C'est raisonnable en tout cas.

L'étranger – Et le genre dont ce dernier relève, dirons-nous qu'il est unique ou double ?

Théétète – Vois toi-même.

L'étranger – J'examine et je vois nettement deux genres ; dans le premier, je distingue l'homme capable d'exercer son ironie en public, dans de longs discours devant la foule ; et un autre qui, dans le privé, par des discours brefs, contraint son interlocuteur à se contredire lui-même.

Théétète – Ce que tu dis là est très juste.

L'étranger – Et comment désignerons-nous l'homme aux longs discours ? Est-ce un homme d'État ou un orateur populaire ?

Théétète – C'est un orateur populaire.

L'étranger – Et l'autre, comment l'appellerons-nous ? sage ou sophiste ?

Théétète – Sage, c'est impossible, puisque nous avons établi qu'il ne sait point ; mais, comme il imite le sage, il est évident qu'il prendra un nom dérivé du sien, et il me semble bien maintenant que c'est de lui qu'il faut dire : Voilà celui qui est bien réellement le sophiste.

L'étranger – Eh bien, ne ferons-nous pas comme précédemment une chaîne des qualités du sophiste, en tressant les éléments de son nom à partir de la fin jusqu'au commencement ?

Théétète – C'est tout à fait mon avis.

L'étranger – Donc l'espèce imitative de la partie ironique de l'art fondé sur l'opinion, lequel est une partie de l'art de la contradiction et qui appartient au genre imaginatif, lequel se rattache à l'art de produire des images, cette portion, non pas divine, mais humaine, de la production qui se spécialise dans les discours et fabrique des prestiges, voilà, peut-on dire, « la lignée et le sang(36) » dont le véritable sophiste descend, et l'on dira, selon moi, l'exacte vérité

Théétète – C'est parfaitement juste.

---

36 - Les mots entre guillemets sont une citation d'Homère, Iliade, VI, 210, où Glaucos répond à Diomède, qui l'interroge sur son origine, qu'il est fils d'Hypolochos, après quoi il ajoute : « Voilà ma naissance et le sang dont je me vante d'être. »